Políticas Sociales y Trabajo Social: Reflexiones desde México y Argentina

Nemesio Castillo Viveros
Leonel Del Prado

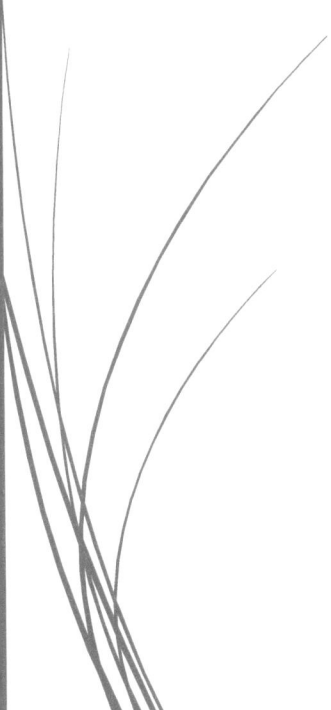

> Esta investigación, arbitrada por pares académicos, se privilegia con el aval de la institución propietaria de los derechos correspondientes.

Derechos reservados conforme a la ley.

Primera edición, septiembre de 2015

© Nemesio Castillo Viveros y Leonel Del Prado por coordinadores.

© Facultad de Humanidades, Artes y Ciencias Sociales de la Universidad Autónoma de Entre Ríos.

© Maestría en Trabajo Social.

ISBN: 978-1-329-08873-3

Queda prohibida la reproducción parcial o total, directa o indirecta del contenido de la presente obra, sin contar previamente con la autorización expresa y por escrito de los editores, en términos de la Ley Federal del Derecho de Autor y, en su caso, de los tratados internacionales aplicables.

Índice

Introducción..5

Antropología y Trabajo Social: viejas y nuevas relaciones (María Eugenia Almeida y Ana Rosato)................................9

Políticas Sociales en *discapacidad*: reconocimiento y producción de discapacidad (María Alfonsina Angelino y María Eugenia Almeida)..32

Pobreza: la perspectiva de las personas que "ayudan" (Leonel Del Prado)..62

El nuevo corporativismo de las Organizaciones No Gubernamentales en Ciudad Juárez (Nemesio Castillo Viveros)..82

Propuesta de un enfoque del Trabajo Social basado en la articulación con los Servicios Sociales (Addiel Pérez Díaz)...93

Políticas Sociales y Trabajo Social. Un aporte socio-antropológico y de género para (re)construir la investigación en y desde la Intervención social (Marcela A. País Andrade, Miranda González Martín, M. Julieta Nebra, Carolina del Valle, Elizabeth Vicente, Rocío Álvarez, Mariana Pereira y María Luján Platero)..115

Interpretación de estereotipos de género concernientes a dos institutos de la UACJ (Wendoly Morales, Alberto Ochoa y Julio Arreola)..152

Los nuevos liderazgos: elecciones y redes sociales (Guillermo Enrique Cervantes Delgado y Regina García Bañuelos)..168

El Multiculturalismo, ventaja competitiva e innovadora (Javier Olaf Sánchez Pérez…...193

Análisis de la problemática social en el Área Metropolitana de Monterrey: Un estudio en 10 Colonias de alta incidencia del municipio de Monterrey, México. (Javier Álvarez Bermúdez y Rogelio Rodríguez Hernández)................201

Introducción

El presente libro aborda los temas relacionados con las Ciencias Sociales, principalmente desde una perspectiva de Trabajo Social, y es el resultado de un esfuerzo de trabajo entre Argentina, Cuba y México. La línea que marca los trabajos es la visión social, lo que implica que se presentan algunas aristas claras sobre el tema de la intervención social y el debate teórico en Trabajo Social. Son un total de once trabajos escritos por diferentes investigadores donde el eje que los une es el pensamiento social crítico.

El primer trabajo: "Antropología y Trabajo Social: viejas y nuevas relaciones", escrito por María Eugenia Almeida y Ana Rosato, reflexiona sobre las relaciones entre Antropología y Trabajo Social a partir de la experiencia en docencia e investigación que desarrollan las autoras hace quince años. Esa experiencia les hace pensar que entre ambas existen complementariedades que permiten que el trabajo interdisciplinario sea posible y enriquecedor.

En el capítulo dos se habla sobre las "Políticas Sociales en discapacidad: reconocimiento y producción de discapacidad", escrito por María Alfonsina Angelino y María Eugenia Almeida; en él se retoma la cuestión de la compleja relación entre Estado, políticas en discapacidad y el reconocimiento, haciendo especial hincapié en sus efectos.

En el trabajo "Pobreza: la perspectiva de las personas que «ayudan»", Leonel Del Prado hace un análisis de cómo son construidos discursivamente los habitantes de un "barrio pobre" de la ciudad de Concordia por distintas personas que trabajan cotidianamente en él, desde instituciones estatales y organizaciones no gubernamentales. Dichos actores construyen un discurso, el cual desde diferentes perspectivas responsabiliza a los pobres por su situación. Remarca entonces que se genera un proceso de visibilización de la pobreza acompañado de un proceso de responsabilización de las personas por su situación.

Es su caso Nemesio Castillo Viveros analiza en su trabajo denominado "El nuevo corporativización de las Organizaciones No Gubernamentales en Ciudad Juárez", el rol que juegan las ONGS en las democracias actuales. Sobre la base de su estudio de las ONGS de Ciudad Juárez, nos brinda aportes para pensar el accionar de estos actores, los vínculos con el Estado y las personas o problemas que dicen representar. Estos intermediarios entre los ciudadanos y el Estado, se encuentran en competencia con otras organizaciones en la búsqueda de capitales (económicos y simbólicos) produciendo un proceso que busca más su propia reproducción que las vías para abordar dichas problemáticas.

Addiel Pérez Díaz realiza un análisis del surgimiento del estado de bienestar y su vínculo con las políticas sociales y los servicios sociales. El sociólogo hace referencia a la situación cubana, estableciendo tensiones entre los estados de bienestar capitalistas y el de la isla socialista.

En el capítulo "Políticas Sociales y Trabajo Social. Un aporte socioantropológico y de género para (re)construir la investigación en y desde la Intervención social", escrito por Marcela A. País Andrade, Miranda González Martín, M. Julieta Nebra, Carolina del Valle, Elizabeth Vicente, Rocío Álvarez, Mariana Pereira y María Luján Platero, plantea que en las últimas décadas el trabajo social, en tanto disciplina, ha generado profundas críticas, en las que se cuestionan sus objetivos, sus métodos y el lugar de la reflexión y la investigación en sus modos de interpelar las Políticas Sociales. Asimismo señalan que, existiendo una multiplicidad de formas de ejercicio del Trabajo Social, muchas de ellas implican marcadas características reflexivas y críticas, aun en contextos de intervención. El trabajo constituye un desafío de interpelar las prácticas de intervención social desde la tarea investigativa en diversos Programas y Políticas Sociales de la Ciudad de Buenos Aires, Argentina, durante los últimos 10 años.

Wendoly Morales, Alberto Ochoa y Julio Arreola hablan sobre la "Interpretación de estereotipos de género concernientes a dos institutos de la UACJ". Ellos identifican los estereotipos de género en los estudiantes de la UACJ de Ciudad Juárez, y emplean diversos análisis para distinguir su existencia actual, con el objetivo de determinar cuáles son esos modelos de género y ver las cuestiones de estereotipos en lo que se considera deben de ser cualidades masculinas y femeninas, aplicado esto a la práctica social, de tal manera que se identifiquen y determinen cuáles son los modelos de género que se ejercen en estas facultades, así como los procesos de desarrollo y la convivencia, para obtener una reflexión y análisis de esta permanencia, recabando toda esta información obtenida mediante encuestas tiene como base cuatro tópicos: 1) capacidades intelectuales de género, 2) comportamiento e interacción entre hombre y mujer, 3) carácter masculino y femenino, y 4) aspectos psicológicos.

Los autores Guillermo Enrique Cervantes Delgado y Regina García Bañuelos nos hablan de "Los nuevos liderazgos: elecciones y redes sociales". Nos dicen que en este contexto los medios tradicionales han sufrido un notable descrédito ante la sociedad, son vistos en ocasiones como ineficientes o en el peor de los casos como manipuladores de la verdad al servicio de intereses de políticos y no de la sociedad. Esta visión se ha acentuado con el surgimiento de nuevos medios de comunicación emergentes de Internet, que difieren en gran medida de los medios tradicionales, en ellos los ciudadanos han encontrado un nuevo espacio de participación y expresión. Las nuevas tecnologías han impulsado también, sobre todo en el último año, el surgimiento de nuevos representantes para la sociedad al margen del sistema partidista, lo que sugiere un nuevo paso en la evolución del espacio público.

En su caso Javier Olaf Sánchez Pérez trata el "El Multiculturalismo, ventaja competitiva e innovadora". El autor argumenta que hoy en día en el mercado global, muchas compañías están enfrentando nuevos obstáculos, y los enfrentan desde la diversidad cultural. Esta manifestación no solo se refiere a aprender a trabajar en un ambiente con una mezcla de culturas (donde para ello es necesario ser creativo), sino también a adoptar lo mejor en cuanto a valores y prácticas empresariales se refiere. Mientras que para algunas organizaciones el capital humano multicultural es solo una herramienta, en algunas ocasiones líderes y directivos solo contemplan la existencia de diferentes culturas dentro de su organización, pero no saben cómo sacar el mayor provecho a esta.

En el último capitulo, se trabaja el Análisis de la problemática social en el Área Metropolitana de Monterrey: Un estudio en 10 Colonias de alta incidencia del municipio de Monterrey, México, presentado por Javier Álvarez Bermúdez y Rogelio Rodríguez Hernández. En el mismo se estudian los problemas de la urbanización en Monterrey y su área metropolitana. Asimismo se estudia los efectos de la problemática social sobre las condiciones de salud de la población, como la violencia intrafamiliar, los suicidios y los pleitos entre los amigos.

Antropología y Trabajo Social: viejas y nuevas relaciones

María Eugenia Almeida (UADER - UNER)
Ana Rosato (UBA - UNER)

Nuestro interés en este trabajo consiste en reflexionar sobre las relaciones entre Antropología y Trabajo Social a partir de la experiencia en docencia e investigación que compartimos desde hace quince años. Esa experiencia nos hace pensar que entre ambas existen complementariedades que hacen que el trabajo interdisciplinario sea posible y enriquecedor.

Respecto a nuestra experiencia, siendo una antropóloga y otra trabajadora social, nos conocimos como docentes de dos materias de antropología —Teoría Antropológica y Antropología Social[1]— que se dictan en la carrera de Trabajo Social de la Universidad Nacional de Entre Ríos.[2] Años más tarde formamos parte de un equipo interdisciplinario de investigación y nuestra relación académica se diversificó y profundizó operando cambios interesantes en el ejercicio de nuestras respectivas profesiones y de la actividad docente.

---

[1] Desde el inicio de la carrera figuran ambas materias como parte del plan de estudio. Teoría Antropológica que se dicta en el primer año de la carrera, se llamó originalmente Introducción a la Antropología. Antropología Social se dicta en segundo año. Ambas son anuales.

[2] La Universidad Nacional de Entre Ríos (UNER) tiene varias facultades distribuidas en distintas ciudades de la provincia de Entre Ríos. La de Trabajo Social —localizada en la ciudad de Paraná— tiene dos carreras de grado: Trabajo Social y Ciencia Política. Teoría Antropológica se dicta también en el primer año de esta última carrera.

Esta tarea conjunta nos fue dando la pauta de las reales posibilidades de hacer y pensar problemas, hechos, objetos de conocimiento e intervención cooperativa y complementariamente. En varias oportunidades pensamos con firmeza e incluso certeza que esa complementariedad era recíproca, simétrica e igualitaria. Pero simultáneamente advertimos que en ciertos contextos esta relación entre las dos disciplinas mostraba relaciones asimétricas e incluso desiguales. Los discursos y las prácticas disciplinares de una y otra aparecían como disonantes, con objetivos presentados como contrapuestos y con serias dificultades de conocimiento y reconocimiento mutuo.

A fin de mostrar la base de estas distintas percepciones comenzaremos por contar experiencias en docencia tanto a lo que respecta a las especificidades del trabajo en el aula como a los cruces entre ambas disciplinas que hemos implementado en el quehacer docente. Finalizaremos con una reflexión sobre las complementariedades y las características que pueden asumir de acuerdo con los distintos contextos.

La relación en el contexto del aula: límites, fronteras y márgenes

> *No basta con ver para conocer,*
> *carecer de conceptos es tan grave*
> *como carecer de personal competente.*
> (KARZ, 2007: 187).

Pensar la formación en el ámbito universitario en general y de los estudiantes de Trabajo Social requiere la responsabilidad de asumir esto como un desafío en el diálogo interdisciplinar. Abrir preguntas y tensionar relaciones acerca de lo que implica **ser** trabajador social, arquitecto, médico, antropólogo y por otro lado **enseñar** trabajo social, arquitectura, medicina, antropología, constituye una de las marcas que recorre nuestra experiencia en el trabajo docente.

Por lo tanto, primero tuvimos que partir de qué entendía la Facultad por Trabajo Social, y esto está incluido en el perfil que figura en la presentación de la carrera:

> El Trabajo Social es una profesión que, dentro del campo de las ciencias sociales, interviene en la sociedad a partir de las necesidades, demandas, intereses y reivindicaciones de la gente. El trabajador social procura buscar alternativas para dar respuesta a sus problemas; para ello trabaja con diferentes grupos de personas generando espacios de participación y organización.
>
> Instituciones gubernamentales y no gubernamentales son los ámbitos de desarrollo laboral de un trabajador social, generalmente en áreas relacionadas con: familia y minoridad, ancianidad, educación, salud, vivienda, seguridad social, obras sociales, servicios penitenciarios, tribunales y defensorías, cooperativas y mutualidades, unidades de iniciación productiva o empresas.[3]

La centralidad de la profesión está entonces en la intervención sobre necesidades, demandas, etc., buscando respuesta para esos problemas en ámbitos gubernamentales y no gubernamentales. De tal forma que la "intervención" opera como una marca del Trabajador Social. Por lo tanto, ¿qué

---

[3] Esto figura en la página web (http://www.fts.uner.edu.ar/carreras/lic_ts.html) de la Facultad de la carrera donde figuran también los planes de estudio vigentes, los programas de las materias, etc.

podía ofrecer la antropología a la formación de ese perfil? ¿A esa marca definitoria y específica?

Para comenzar a responder esa pregunta tuvimos que plantearnos qué íbamos a entender por antropología ya que la palabra y la disciplina que designa tiene múltiples significados. En el equipo consensuamos que en tanto ciencia, la Antropología[4] se fue conformando a fines del siglo XIX en torno a la relación entre un objeto —la alteridad cultural—, métodos —comparativo y etnográfico— y teorías humanas y sociales (Boivin *et al.*, 2007). Y si bien, la relación fue cambiando en estos años en función de los contextos en los cuales la ciencia se fue constituyendo en disciplina hay ciertos elementos comunes que la distinguen de otras ciencias sociales (Menéndez, 1991). En primer lugar, la alteridad en tanto reflexión sobre un otro cultural distinto (Krotz, 2002, 2007). En segundo lugar, el abordaje de esa alteridad a partir del método denominado etnográfico o etnografía que sintéticamente implica abordar la alteridad a partir de un análisis centrado estratégicamente en las perspectivas de los actores y un involucramiento participativo del propio investigador. Esto último significa "estar ahí", involucrarse personalmente, exponerse a la experiencia de la alteridad.

Ante esto, enseñar Antropología a futuros Trabajadores Sociales nos colocó en la tarea de construir senderos, líneas de trabajo intelectual, tránsitos bibliográficos que dieran cuenta de una perspectiva antropológica, sin tener el imperativo de "convertirse" en antropólogos pero que al mismo tiempo aportara al perfil requerido por la institución, es decir: la

---

[4] Usamos el término Antropología para hacer referencia tanto a la Antropología Cultural como a la Antropología Social y/o Sociocultural.

intervención. La apuesta fue y es "antropologizar" la mirada de los actuales estudiantes y futuros trabajadores sociales.

¿Qué significa aquí antropologizar la mirada? ¿Cuáles son los puentes, vínculos y conexiones que hemos ido imaginando y poniendo a consideración entre Trabajo Social y Antropología?

La Antropología es una disciplina que presenta un extenso recorrido respecto de temas que para los estudiantes de Trabajo Social pueden resultar interesantes: la pregunta acerca del "otro", las otredades, las alteridades y alterizaciones, las diferencias y desigualdades; la noción de cultura como un concepto, opuesto a la noción de raza y totalmente diferente de la idea de "alta cultura" que permite explicar el comportamiento humano; la tensión en relación con la utilización del concepto en los ámbitos de diseño de políticas y agenda pública; la idea de "construcción de los objetos de conocimiento" como parte constitutiva del hacer antropológico, las tensiones acerca de la relación objetividad/subjetividad, las rupturas metodológicas en la producción de conocimiento.

En términos más específicos, podríamos decir que el tema de la pobreza y las pobrezas, la violencia y las violencias, la política y las políticas, el Estado constituyen temas o problemas sobre los cuales la disciplina antropológica ha producido y que se vuelven ejes que recorren al trabajo social tanto en su formación de grado como en los diferentes escenarios en los cuales se desempeñan los profesionales del trabajo social.

Estos temas constituyen algunos de los puntos que permiten ir ubicando a los estudiantes en la complejidad de la producción en Ciencias Sociales y en el inevitable diálogo (muchas veces inexistente o infértil) entre disciplinas en el actual contexto de producción de conocimiento en donde los cruces cobran cada vez más fuerzas y las fronteras disciplinares se vuelven más difusas.

Sin embargo, no siempre las disciplinas y los disciplinandos están dispuestos a abrir fronteras dado que representa una postura epistemológico-política sobre el conocimiento y la formación que pone en cuestión ciertos límites dentro de los cuales cada cual ficciona algún tipo de certeza o seguridad. Abrir fronteras implica, entonces, reconocer que "lo social" no puede ser pensado como patrimonio exclusivo de ciertas disciplinas sino como territorio necesariamente compartido.

Nos hemos propuesto así que los estudiantes tengan la posibilidad de conectarse con las miradas que la disciplina antropológica propone, no con fines instrumentales de sus futuras actuaciones profesionales, sino como marcos de análisis integrales, complejos y abiertos. Esto como modo de exponer miradas que propicien nuevas búsquedas y nuevas preguntas, como germen de un pensamiento necesariamente situado y *con* otros.

La tarea docente implica desde nuestra perspectiva la *construcción de un objeto teórico* específico —en este caso los discursos antropológicos en el contexto de las ciencias sociales— a ser compartido en equipo y con los estudiantes de la carrera de Trabajo Social. Asimismo ha sido y sigue siendo un trabajo que supone imaginar la relación pedagógica no sólo desde el conocimiento disciplinar sino como práctica que pone en movimiento estos discursos que producen efectos de teoría, que están inscriptos en ciertas representaciones sociales y que construyen subjetividades.

Así vincular discursos disciplinares y acercar teóricamente los problemas abordados por antropología y trabajo social supone estrategias para producir cruces que reconstruyan este conocimiento en clave pedagógica.

Cruces y encrucijadas: los caminos posibles

El conocimiento no es algo separado y que se baste a sí mismo, sino que está envuelto en el proceso por el cual la vida se sostiene y se desenvuelve.

JOHN DEWEY

La relación contextos-producción de conocimiento es un eje central que trabajamos ya que sirven para situar a los estudiantes en relación con la producción específica de la antropología. Ya en Teoría Antropológica comenzamos a trabajar la cuestión de los contextos como modo de enmarcar las teorías que vamos viendo a lo largo del curso. Partimos de una hipótesis que tomamos de Leach (1967) acerca de que la relación de alteridad —nos(otros) en términos de Krotz (2002, 2007)— va variando con los cambios en los contextos y vemos como se dan esos cambios en nuestra cotidianidad para luego ir señalando cómo las relaciones que se tejen en la producción de conocimiento —objeto, métodos y teorías— se van modificando con los contextos, en los cuales no solo incluimos tiempo y espacio sino las especificaciones sociales e históricas de cada momento y, también, en cada momento analizamos los posibles cruces con el quehacer del Trabajo Social.[5] En

---

[5] Recordamos que esta materia es común a la carrera de Ciencia Política desde 2005. Por lo tanto, un objetivo específico es el de establecer relaciones entre los aportes de la disciplina antropológica con las ciencias

Antropología Social, continuamos con los contextos pero a partir de los "temas" que consideramos comunes a las dos disciplinas, por ejemplo: identidad, *pobreza*, consumo, etc.

Otro cruce que ya desde el Seminario de Ambientación[6] trabajamos lo realizamos a partir de la noción de "extrañamiento" (Lins Ribeiro, 2007) como principio cognoscente que deriva del quehacer antropológico. Esta noción resulta propositiva y motivadora para el trabajo social, ya que implica reconocer este doble movimiento del conocer: naturalización/interpelación frente a lo conocido/desconocido. Los trabajadores sociales tendrán que construir problemas de intervención y en esa tarea "lidiar" con situaciones atravesadas por emociones y naturalizaciones, por lo que lo extraño y lo familiar se convierten en herramientas que pueden servir para pensar rigurosamente las relaciones entre lo propio y lo ajeno. Es por ello, que el tema lo continuamos tanto en Teoría Antropológica como en Antropología Social. En la primera materia, cruzamos el extrañamiento con la alteridad para luego culminar con la noción de cultura como mediadora del

---

sociales en general, y de modo específico con el Trabajo Social y Ciencia Política. Si bien para nosotros fue inicialmente un desafío, nos permitió por un lado ampliar nuestra mirada y por otro ir transformando el aula en un contexto de interdisciplinariedad práctica.

[6] Este Seminario es una actividad académica que se desarrolla todos los años en la Facultad de Trabajo Social en donde los estudiantes tienen diferentes módulos introductorios vinculados a diferentes áreas temáticas y a la vida universitaria. En uno de esos módulos desde las cátedras Historia de las Transformaciones Mundiales y Teoría Antropológica (ambas asignaturas del primer año de la Licenciatura) se dicta un seminario sobre extrañamiento. Allí se trabajan de manera muy introductoria nociones sobre este principio de producción de conocimiento en la historia y en la antropología.

cruzamiento. En Antropología Social retomamos el extrañamiento pero en relación con los temas específicos, tanto en el modo en que estos son sentidos/percibidos en la vida cotidiana como en el modo en que son significados por ambas disciplinas.

Desde ese punto de vista, y de manera intensa en esa materia, trabajamos la relación entre la identidad y la cultura como dimensiones en las cuales el Estado tiene un papel productivo y reproductivo (Corrigan y Sayer, 2007) en la conformación de subjetividades y de modos de establecer relaciones entre ellas, así es que aquel se presenta como un escenario ineludible del campo de "lo social". Mostrar, pensar, analizar los modos en que el Estado otorga identidad a los sujetos, aporta a la discusión del Estado como territorio privilegiado de inserción de los trabajadores sociales y de las relaciones identitarias que se juegan y entrelazan en este espacio. En este sentido visualizar el papel productivo (y hegemónico) del Estado en los procesos de nominación/reconocimiento de un grupo de individuos como objeto de la intervención del Estado constituye un tema fundamental en la formación de los trabajadores sociales.

En este, como en los otros temas que trabajamos en la materia, la propuesta que hacemos desde este diálogo entre Antropología y Trabajo Social ofrece oportunidades para tensionar macro categorías con expresiones microscópicas en la vida cotidiana (Geertz, 1987; Malinowski, 1984). Esta perspectiva antropológica resulta productiva y atractiva para pensar y pensarse *en el Estado* como trabajador social. Apuntan a mostrar el modo de dominación estatal como un territorio cultural, con espacios, intersticios, y formas reguladoras de la vida social que exceden ampliamente los aparatos burocráticos. Pone sobre la mesa que aún sin estar inserto dentro de estructuras estatales desde donde desarrollar un práctica profesional, estos modos regulatorios lo atraviesan todo. El poder clasificatorio que tiene el Estado ha sido un punto central para discutir y tensionar en el contexto de formación de trabajadores sociales.

Así retomamos la relación *nosotros/otros* que nos atraviesa para pensar y pensarnos, y en particular para ofrecer a los estudiantes un modo más de situarse reflexivamente como trabajadores sociales en esa relación, advertir cuánto nos alejamos o acercamos de aquellos sujetos clasificados desde diferentes lugares hegemónicos-estatales.

Un tema que llama la atención luego de tantos años de docencia en la carrera es que recorriendo todos los programas de las asignaturas específicas de Trabajo Social, se advierte que en los contenidos de las mismas no aparece el tema de la *pobreza* enunciada como tal. Aparece en la bibliografía de las asignaturas de la carrera, pero lo sorprendente es que no aparece en los programas como tema/problema.

Siendo una categoría ampliamente abordada en las Ciencias Sociales, con una presencia importante en el sentido común, y que sobre todo siendo una clasificación estatal de un grupo de sujetos al que se destinan políticas sociales específicas, e involucra la intervención de trabajadores sociales, resulta imprescindible, desde nuestro punto de vista, tomarlo con todas su letras.

No retomar los modos hegemónicos en que se instala la idea de pobreza probablemente genere naturalizaciones. Por el contrario ponerla en el centro de debate y análisis nos ha dado la oportunidad junto a los estudiantes de deconstruir, analizar para identificar cual es el origen e historización de tal concepto y los modos en que el Estado produce y legitima mecanismos para medir, comparar y finalmente ubicar a la población en este casillero de clasificación. Por ello, en el programa de

Antropología Social, dedicamos la unidad 5[7] al tema preguntándonos en el título si "La «pobreza»: ¿es o se hace?" para luego centrarnos en los definidores de la "pobreza": Estado y mercado, las causas estructurales y violencias estructurales, los efectos que tienen esas causas en la identidad a través de los conceptos de "cultura de la pobreza" y "cultura callejera", y concluimos con las ventajas y desventajas de hacer etnografía de los comportamientos en contextos de pobreza.[8]

Recorrer diferentes perspectivas teóricas que toman este concepto implica antes que nada reconocer en la noción de pobreza modos particulares de explicarla. Y al mismo tiempo reflexionar acerca de las maneras en que una idea se instala como una forma de otorgar identidad y los efectos materiales y simbólicos que esto tiene en la vida de las personas. Al trabajar distintas teorías mostramos cómo la antropología explicó y explica el tema de la pobreza, enfatizando incluso las que a nuestros ojos han sido explicaciones erróneas y etnocéntricas. En especial, nos referimos a la noción de "cultura de la pobreza" que acuñó Lewis (1961), pero a través de las críticas que le realiza Bourgois (2010).

Por otra parte, tomar la *pobreza* como categoría nativa también nos permite advertir acerca de los sentidos y significados que esta nominación asume en los diferentes actores sociales, entre los cuales los trabajadores sociales cuentan. Desde aquí es que se plantea la tensión entre pobreza como objeto o como explicación.

El hambre y la noción de "sufrimiento" en relación con la cuestión de la exclusión son temas que abordamos y a partir

---

[7] El programa de Antropología Social (Equipo de Cátedra, 2014) tiene 6 unidades.
[8] En esta unidad también trabajamos la noción de estrategias de reproducción definida por Bourdieu (2002).

de los cuales apostamos a tender puentes entre las producciones en el campo de la disciplina antropológica y las preguntas y producciones de trabajo social. Para comenzar a desnaturalizar el tema de la pobreza y fundamentalmente del hambre, en la unidad anterior trabajamos el tema de consumo como un lugar de diferenciación e identificación (Equipo de Cátedra, 2014). Así, al definir al consumo como una instancia de apropiación desigual y uso de bienes relativizamos la idea de "necesidad" natural a través de teorías que explican cómo esa "necesidad" es socialmente producida (Boivin, Rosato y Arribas, 2007). Y a través de trabajos como los de Arribas (2008) y Arribas, Cattáneo y Ayerdi (2007) analizamos la pobreza y el hambre en contextos de crisis.

Finalizamos el curso recorriendo el tema de las políticas. Los trabajadores sociales aparecen ligados a las políticas sociales en diferentes escenarios, y por lo tanto volverlas objeto de conocimiento y reflexión redunda en mejores condiciones para pensar los problemas que de allí se deriven. Mejor entendemos, comprendemos, mejores estrategias de intervención se podrán construir. Trabajamos entonces los procesos a partir de los cuales las políticas públicas se constituyen en un vehículo mediante el que el Estado asume un tipo de vínculo social.

En las últimas dos décadas, la antropología social ha encarado de modo específico el tema de las políticas públicas.[9] Esto nos ha abierto en los últimos años de trabajo

---

[9] En los '90 destacamos el libro de Bourdieu "La miseria del mundo" que contiene trabajos realizados por su equipo interdisciplinario de investigación y en el cual se pone en tensión el tema de las políticas sociales y desde la Antropología Social el libro recopilado por Shore y Wright: "Anthropology of Policy: Critical Perspectives on Governance

docente un territorio rico de sentidos que circulan tanto en los ámbitos de formación como en las instituciones respecto de la distinción entre las políticas, los políticos, la política y lo político. Diferenciación útil en términos analíticos para situar diferentes problemas, temas y contextos, que en apariencia serían lo mismo.

Pensar acerca de las políticas indefectiblemente nos lleva a preguntarnos en temas como el poder, el gobierno, la legitimidad, reglas, normas, etc. Requiere una mirada analítica sobre los mecanismos de poder para reconocerlos en los diseños de las políticas públicas; y advertir en ellas la potencia en la conformación de la vida social en nuestras sociedades.

Al mismo tiempo la recuperación de la perspectiva de los actores en relación con las políticas públicas no solo de aquellos hacia quienes están destinadas sino de aquellos que las diseñan es punto interesante en la formación de grado de quienes en el futuro se insertarán tanto en el ámbito de las políticas públicas como en los espacios de formación de nuevos profesionales. Indagar los procesos que se desatan una vez que una política se ejecuta y "cobra vida social propia" fortalece, sin duda, los puntos de vista implicados en ellos.

Por otro lado la distinción entre políticas de redistribución y/o políticas de reconocimiento (Fraser, 2000) permite trabajar con los estudiantes las diferentes relaciones

---

and Power". Ya en este siglo, el texto de C. Shore "La antropología y el estudio de la política pública: reflexiones sobre la "formulación" de las políticas". En la Argentina uno de los trabajos pioneros fue el de Grassi, Hintze y Neufeld: "Políticas Sociales, Crisis y Ajuste estructural (un análisis del sistema educativo, de obras sociales y de las políticas alimentarias)" de 1994. Luego podríamos mencionar entre otros el de Grassi: "Políticas y problemas sociales en la sociedad neoliberal. La otra década infame" de 2003, quien está formada en Antropología y Trabajo Social.

entre los sujetos y el Estado. Procesos y relaciones que producen identidades distintas, sin embargo, identidades que se yuxtaponen, tensionan, disputan a la hora de las clasificaciones de *beneficiarios*. La producción de categorías y subjetividades que las políticas generan nos lleva nuevamente al tema de las identidades, proceso en el cual el modo de dominación estatal y sus aparatos burocráticos tienen una preponderancia sustancial.

En definitiva, estos cruces nos han permitido cumplir con los objetivos generales propuestos para cada materia[10] y los futuros trabajadores sociales se llevan una idea de las múltiples relaciones complementarias que existen entre las dos disciplinas. Pero, además, y esto creemos que debería suceder siempre en docencia, los profesores nos nutrimos de los aportes que el ejercicio común de esas relaciones proveen a nuestro trabajo en docencia e investigación. Y, sin embargo, sentimos que esa relación complementaria en nuestra práctica docente encubre cierta asimetría entre las dos disciplinas.

Indisciplinando las disciplinas

Reconocemos que entre ambas disciplinas existe una relación que sin duda es complementaria dada nuestra propia

---

[10] Nuestros objetivos generales para Teoría Antropológica son: brindar los elementos para la comprensión introductoria de la Antropología como ciencia, aportar a la formación de las y los estudiantes algunas de las teorías antropológicas y promover el ejercicio intelectual de producir miradas nuevas en el contexto de un lenguaje disciplinar específico en escenarios cotidianos. Y para Antropología Social tenemos un solo objetivo general: problematizar y discutir las múltiples relaciones entre el Trabajo Social y la Antropología Social.

experiencia, pero al mismo tiempo también reconocemos diferencias vinculadas a los orígenes y trayectorias de ambas y al modo como son encaradas en las instituciones universitarias.

La antropología como ciencia que surge a fines del siglo XIX nace con el imperativo de su contexto: producir conocimiento sobre el otro. El Trabajo Social aparece como un espacio del hacer para el otro. Estas marcas las recorren hasta el día hoy, aggiornadamente podríamos decir que se inscriben hoy una como la que investiga y la otra como la que interviene, como dos prácticas disociadas y a veces hasta mutuamente excluyentes. Podríamos decir que estas viejas ideas son solidarias con un modo de entender el conocimiento, los campos del saber, las producciones científicas en donde cada cual se queda cómodamente en su territorio en su parcela, en su recorte.

Estas diferencias suponen también reconocimientos distintos dentro del campo de las ciencias sociales y efectos prácticos en el ámbito académico. Por ejemplo, en los planes de estudio de la Licenciatura en Trabajo Social de Universidades Nacionales que conocemos[11], figura Antropología (Social, Cultural o Sociocultural) como materia obligatoria. En cambio, en los planes de estudio de las carreras de grado de Antropología no aparece ninguna materia de Trabajo Social, aún cuando ambas carreras existan como propuestas académicas de una misma facultad. De tal manera que existe una asimetría en el conocimiento-reconocimiento

---

[11] Sabemos de 21 carreras de licenciatura de cinco años que se dictan en Universidades Nacionales (Buenos Aires, Catamarca, Centro de la Provincia de Buenos Aires, Comahue, Cuyo, Entre Ríos, Jujuy, La Matanza, La Plata, La Rioja, Lanús, Lomas de Zamora, Luján, Mar del Plata, Misiones, **Patagonia Austral**, Patagonia San Juan Bosco, **Rosario**, San Juan, San Luis y **Tucumán**), sólo tres, las señaladas en negrita, no tienen una materia de Antropología.

que se genera en la formación académica de cada carrera: mientras unos saben qué aportes brinda la otra disciplina, los otros desconocen incluso la existencia de la otra. No hay en estas perspectivas ni siquiera la sospecha acerca de algún espacio común, algún diálogo y conexión entre estos espacios del conocer-hacer.

Estas diferencias entendidas como asimetrías no se superan individualmente ni en la tarea docente en soledad, dado que operan instituidas hegemónicamente. No obstante, lejos de nuestras aspiraciones está reforzar las diferencias en términos de competencias, sobrevaloraciones o devaluaciones. Nuestra intencionalidad consiste en ligar espacios del conocer-hacer reconociéndonos en estas formas y formatos que nos atraviesan y por supuesto nos exceden. Con los estudiantes trabajamos arduamente para involucrarlos en estas tensiones como parte de su formación reconociendo el aporte teórico y conceptual que pueden realizar desde su formación de grado. Por ello, estamos reforzando la importancia de la investigación para la producción de conocimiento y reconocimiento. De modo generalizado, existe la idea de que la intervención está disociada de la investigación y que esta a su vez no involucra ningún tipo de intervención. Desinstalarla en el aula es, sin duda, un trabajo permanente y constante.

Para ello nos hemos valido de nuestros trabajos de investigación en equipos interdisciplinarios. Ese trabajo no consiste en que los antropólogos brindan marcos teóricos de comprensión y los trabajadores sociales aportan los hechos vividos de la experiencia cotidiana como supondría esta demarcación sostenida desde el origen de las disciplinas y las viejas ideas y debates respecto de la separación entre la teoría y la práctica. Por el contrario, dadas las características de cada disciplina, ambas se ven involucradas en la experiencia cotidiana de *otros* al mismo tiempo que proveen marcos teóricos de interpretación de los hechos.

Advertir acerca de que los problemas no responden a las lógicas separatistas de las disciplinas nos dispone a pensar estas relaciones entre Antropología y Trabajo Social como perspectivas que reconocen campos conceptuales articulados en prácticas sociales alrededor de situaciones problemáticas. Para Stolkiner: "Los problemas no se presentan como objetos, sino como demandas complejas y difusas que dan lugar a prácticas sociales inervadas de contradicciones imbricadas con cuerpos conceptuales diversos" (1987: 313).[12]

Desde 2005 y hasta ahora un equipo formado por trabajadores sociales, antropóloga, terapista ocupacional, kinesiólogo, psicólogo y arquitectas hemos llevado a cabo proyectos de investigación financiados por la Universidad Nacional de Entre Ríos sobre el tema discapacidad.[13] En el transcurrir de estas experiencias, nos fuimos apropiando de diversas teorías, discutiéndolas y fuimos construyendo una perspectiva que nos permitió disputar con los discursos ideológicos sobre discapacidad y colocar en el centro de la cuestión lo que denominamos "la ideología de la normalidad". Esto a su vez nos fue permitiendo desnaturalizar nuestra propia

---

[12] Stolkiner plantea al respecto que "hay que ser capaz de cuestionar la existencia misma de las disciplinas tal cual aparecen. Cuestionar no significa negar, se trata de no dar por natural e inmutable una categorización de las Ciencias que surgió ante una demanda social determinada y, quizá, es inútil para otra" (1987: 313).

[13] Los títulos de los proyectos fueron los siguientes: "Discapacidad y exclusión social: un abordaje interdisciplinario" (2005); "Políticas en discapacidad y producción de sujetos. El papel del Estado" (2007) y "Entre representación, reconocimiento y prestación: las asociaciones organizadas en torno a la discapacidad" (2012).

mirada sobre el tema y entretejer las diferencias disciplinares en las prácticas de investigación e intervención como abordajes inseparables.

La posibilidad de publicar esta experiencia en nuestro libro *Discapacidad e ideología de la normalidad. Desnaturalizar el déficit*, nos ha permitido consolidar un modo de trabajo en el cual las diferentes pertenencias disciplinares se constituyen en el pilar fundamental para producir conocimiento e intervenir en este campo como prácticas mutuamente constituyentes.

El libro nos permitió objetivar esa desnaturalización, pero también mostrar cómo dentro de un proceso de investigación lleno de idas y venidas, pero coherente, podíamos al mismo tiempo integrar las distintas miradas disciplinares de cada uno de los integrantes, sus particularidades en el abordaje teórico-práctico, al servicio de una mirada nueva sobre nuestro problema.

Y sin duda lo pudimos hacer a partir de recuperar nuestra experiencia docente, en la cual aprendimos no solo la interdisciplinariedad sino el elemento común a partir del cual el trabajo en equipo se hace posible. Por eso concluimos en el libro cuál era ese elemento:

> Este ha sido el camino andado hasta ahora por nuestro equipo o tal vez sea más adecuado decir que es lo que pudimos sintetizar en un libro sobre un proceso que nos involucró personalmente. No sólo pusimos en él nuestras dudas, nuestra formación, nuestros conocimientos, nuestra capacidad/incapacidad analítica sino también nuestro "cuerpo". Y si bien *"poner el cuerpo"* puede significar muchas cosas dependiendo del contexto, tiene un sentido que, sin duda, comparten

las distintas significaciones: el de exponerse, de arremeter. Es el "estar" (Rosato y Angelino, 2009: 231).

Si a esto agregamos que parte del equipo incorporó los resultados de nuestras investigaciones a sus trabajos de extensión,[14] podemos pensar que el círculo docencia-investigación-extensión[15] permite superar la oposición entre intervención e investigación y repensar la articulación entre Antropología y Trabajo Social.

Bibliografía

ALMEIDA, M. (2004). "Cultura sorda.... Una categoría para revisar", en Congreso Salud Mental y Sordera. Buenos Aires.

---

[14] La extensión es la tercera función de las Universidades Nacionales y es la que viabiliza la interacción con los otros sectores de la sociedad a partir de su desarrollo académico, científico y tecnológico, en otras palabras, transferir conocimiento. En el caso de nuestra Universidad, está incluida en su Preámbulo: "La Universidad Nacional de Entre Ríos, como integrante del sistema público de educación superior goza de autonomía normativa, política, académica y administrativa y de autarquía económico-financiera. Sus funciones principales son: la docencia, la investigación y la extensión universitaria. Garantiza la gratuidad de sus estudios de grado, siendo el Estado el responsable de asegurar su financiamiento, por considerar a la educación un derecho y un bien social. Para el ingreso a sus carreras de grado no existen medidas de carácter selectivo, ni que restrinjan el acceso a las mismas, con el fin de ampliar cada vez más las posibilidades de la educación superior".
[15] Las tres actividades se articulan en el programa de extensión: "La producción social de la discapacidad. Aportes para la transformación de los significados socialmente construidos" a partir de tres ejes/proyectos: 1. Redes interinstitucionales e interuniversitarias, 2. Formación y articulación interinstitucional y organizacional, y 3. Autonomía, accesibilidad y validación de derechos en discapacidad.

ARRIBAS V. (2008). "La imagen mediática del hambre en el contexto de crisis". En: Rosato A. y V. Arribas: *Antropología del consumo: de consumidores, usuarios y beneficiarios*. Buenos Aires: Antropofagia.

ARRIBAS, V., A. CATTANEO Y C. AYERDI. (2004). "Canibalismo y Pobreza". En: Boivin *et al.* Constructores de otredad. Buenos Aires: Antropofagia.

BOIVIN, M.; A. ROSATO y V. ARRIBAS. *Constructores de otredad*. Buenos Aires: Antropofagia.

BOURDIEU, P. (1990). *La miseria del mundo*. Buenos Aires: FCE. "La dimisión del Estado". pp. 161-166.

BOURDIEU, P. (2002). "Estrategias de reproducción". En: *Colección Pedagógica Universitaria*. No. 37-38, enero diciembre. pp. 1-21.

BOURGOIS, P. (2010). *En busca de Respeto. Vendiendo crack en el barrio*. Buenos Aires, Siglo XXI

CORRIGAN, D. y D. SAYER (2007). "El gran arco: la formación del estado inglés como revolución cultural". En: María L. Lagos y Pamela Calla *(compiladoras)*. Antropología del Estado. Dominación y prácticas contestatarias en América Latina. *Cuaderno de Futuro* 23. Informe sobre desarrollo humano. Bolivia. pp. 39-59.

EQUIPO DE CÁTEDRA (2014). Programa Teoría Antropológica.
http://www.fts.uner.edu.ar/carreras/programas_ts_m/A1.6.Teoria_Antropologica.pdf

EQUIPO DE CÁTEDRA (2014). Programa Antropología Social.
http://www.fts.uner.edu.ar/carreras/programas_ts_m/A2.6.Antropologia_Social.pdf

FACULTAD DE TRABAJO SOCIAL-UNER (2015). Página WEB http://www.fts.uner.edu.ar/carreras/lic_ts.html. Visitado: 25 de marzo de 2015.

FRASER, N. (2000). "¿De la redistribución al reconocimiento?". En: *New Left Review*, Número 0, Enero, Ediciones Akal, Madrid. pp. 126-155.

GEERTZ, C. (1987). La interpretación de las culturas. México: Gedisa Editores.

GEERTZ, C. (1994). "El sentido común como sistema cultural". En: Geertz, C. *Conocimiento local*. Barcelona: Paidós. pp. 93-116.

GRASSI, E. (2003). Políticas y problemas sociales en la sociedad neoliberal. La otra década infame. Buenos Aires: Editorial Espacio.

GRASSI, E.; S. HINTZE y MR. NEUFELD. (1994). *Políticas Sociales, Crisis y Ajuste estructural (un análisis del sistema educativo, de obras sociales y de las políticas alimentarias)*. Buenos Aires: Editorial Espacio.

KARSZ, S. (2007). *Problematizar el Trabajo Social. Definición, figuras, clínica*. Barcelona: Gedisa.

KROTZ, E. (2007). "Alteridad y pregunta antropológica". En: Boivin, M.; A. Rosato y V. Arribas. *Constructores de otredad*. Buenos Aires: Antropofagia.

KROTZ, E. (2002). *La otredad cultural. Entre utopía y ciencia*. México: FCE.

LEACH, E. (1967). "Nosotros y los demás", en Leach, E. *Un mundo en explosión*. Barcelona: Anagrama.

LEWIS, O. (1961). *Antropología de la pobreza. Cinco familias*. México-Buenos Aires: FCE.

LINS RIBEIRO, G. (2007). "Descotidianizar: extrañamiento y conciencia práctica, un ensayo sobre la perspectiva antropológica.". En: Boivin, M.; A. Rosato y V. Arribas. *Constructores de otredad*. Buenos Aires: Antropofagia.

MALINOWSKI, Bronislaw. (1984). "Suplemento I: El problema del significado en las lenguas primitivas". En: Ogden, C. K. y I. A. Richards. *El significado del significado*. Barcelona: Ediciones Paidós.

MARKS, J. (1997). "La raza teoría popular de la herencia". En: *Mundo científico* (185): 1045-1051.

MENÉNDEZ, E. L. (1991). "Definiciones, indefiniciones y pequeños saberes". *Alteridades*. 1 (1): 21-33.

PROGRAMA DE EXTENSIÓN (2013). La producción social de la discapacidad. Aportes para la transformación de los significados socialmente construidos http://www.fts.uner.edu.ar/secretarias/ext_inv/extension/PROGRAMA_DISCAPACIDAD_2013.pdf

PROYECTO SPU 07/E042 (2005). "*Discapacidad* y exclusión social: un abordaje interdisciplinario". Paraná: FTS-UNER.

PROYECTO *PID 5062-1* (2007). "Políticas en discapacidad y producción de sujetos. El papel del estado." Paraná: FTS-UNER.

PROYECTO *PID* 5078 (2012). "Entre representación, reconocimiento y prestación: las asociaciones organizadas en torno a la discapacidad". Paraná. FTS-UNER.

ROSATO, A. y M.A. ANGELINO. (2009). Discapacidad e ideología de la normalidad. Desnaturalizar el déficit. Buenos Aires: Noveduc Libros.

SIMPSON, B. (2007). "Comunidades genéticas imaginadas. Etnicidad y esencialismo en el siglos XXI". En: Boivin, M.; A. Rosato y V. Arribas. *Constructores de otredad*, Buenos Aires: Antropofagia.

SHORE, C. (2010). "La antropología y el estudio de la política pública: reflexiones sobre la «formulación» de las políticas", en *Antípoda* (10): 21-49, enero-junio.
SHORE, C. y S. WRIGHT (Eds.). (1997). *Anthropology of Policy: Critical Perspectives on Governance and Power.* New York: Routledge.
STOLKINER, A. (1987). De Interdisciplinas e indisciplinas. En: Elichiry, Nora. (Comp.). *El niño y la escuela. Reflexiones sobre lo obvio*, Buenos Aires: Nueva Visión. Pp.313-315.
http://www.psi.uba.ar/academica/carrerasdegrado/psicologia/sitios_catedras/obligatorias/066_salud2/material/unidad1/subunidad_1_3/stolkiner_interdisciplinas_e_indisciplinas.pdf
UNIVERSIDAD NACIONAL DE ENTRE RÍOS. (2005). Estatuto Universitario.
http://www.uner.edu.ar/institucional/137/estatuto-de-la-uner
WRIGTH, S. (2007). [1998]. "La politización de la cultura", en: Boivin, M.; A. Rosato y V. Arribas. *Constructores de otredad*. Buenos Aires: Antropofagia.

Políticas Sociales en *discapacidad*: reconocimiento y producción de discapacidad [16]

María Alfonsina Angelino (UNER – UADER)
María Eugenia Almeida (UNER – UADER)

Hace alrededor de quince años que venimos desarrollando en la Facultad de Trabajo Social de la Universidad Nacional de Entre Ríos, Argentina, un programa de acción/investigación inscripto en un campo aún sub-teorizado y ciertamente devaluado en la academia como son los estudios en/de discapacidad.

Un equipo de profesionales de distintas formaciones, estudiantes de diversas carreras, activistas de múltiples campos confluimos en experiencias de reflexión, investigación y extensión con actores universitarios y no universitarios articulados a este campo de preocupaciones.[17]

---

[16] Este artículo retoma cuestiones analizadas en varios artículos en los que hemos desarrollado con mayor profundidad la cuestión de la compleja relación entre Estado, políticas en discapacidad y el reconocimiento haciendo especial hincapié en sus efectos. Citamos dos de ellos como referencia a un debate que sin dudas no se agota en dichos escritos: uno de ellos Almeida, ME – Angelino MA y otros. (2013) *"Estado, políticas de reconocimiento y de reparación en discapacidad"*, en Pérez Lyda-Fernández Moreno Aleida y Katz, Sandra (comp.). 2013. *Discapacidad en Latinoamérica: Voces y experiencias universitarias.* Editorial de la Universidad Nacional de La Plata (Edulp). Disponible en http://www.editorial.unlp.edu.ar/22_libros_digitales/katz_Discapacidad.pdf. y el otro Almeida, ME, Angelino, MA. (2013). Discapacidad y políticas: tensiones entre reconocimiento, reparación y efectos de estado", en Benassi, E- Zabinski, R- Siede M. y Verbauwede V (comp). 2013. *Tercer Cuaderno de Cátedra Abierta de Política y Planificación Social.* Paraná. E. Ríos: La Hendija.

[17] En esta confluencia de voluntades nos hemos ido encontrando en el trabajo trabajadores sociales, kinesiólogo, terapistas ocupacionales, arquitectas, abogados,

A lo largo de todo este proceso hemos ido construyendo una perspectiva de comprensión y abordaje de la discapacidad que busca discutir su (excluyente) matriz biomédica e inscribirla en un territorio abierto y, a nuestro modo de entender, mucho más fértil de los estudios de las diferencias como diferencias políticas y no biológicas.

Adscribiéndonos a la tradición de los *disabilities studies* anglosajones (Oliver 1998, 2000, 2008, 2010 solo por mencionar una referencia), nos hemos propuesto entender la discapacidad no como un fenómeno real, algo que exista en sí, fuera de todo discurso, sino como cierta lectura de lo real que intentamos interpretar, cierto cifrado que nos importa descifrar. La discapacidad sería una modalidad determinada de nombrar lo real y de intervenir sobre él (Almeida, M.E. *et al.*, 2010: 37).

Buscamos tensionar las perspectivas teóricas fuertemente instaladas y avanzar en el análisis de este campo complejo, la discapacidad, en la búsqueda de elementos teórico-epistemológicos que posibiliten comprender y dar cuenta de la dimensión política e histórica de la discapacidad, entendiéndola como una producción social que se sostiene en relaciones de asimetría y desigualdad (Almeida, M.E. *et al.* 2010: 33). Esas relaciones asimétricas producen tanto exclusión como inclusión excluyente (Rosato A.; Angelino, M.A. 2009: 25)

---

psicólogos, profesoras de sordos, profesoras de ciegos, comunicadores sociales, maestras y maestros, profesores de filosofía, lingüistas. El equipo estable del Programa reúne unos diez profesionales de estas disciplinas más los estudiantes de distintas carreras que se han ido sumando como becarios, adscriptos o pasantes. Tal como decíamos en algunas de las producciones que hemos puesto a andar, nos une una apuesta político-académica, una voluntad política de transformación, y por eso nos consideramos académicos y activistas de este campo.

Esta apuesta analítica confronta enfáticamente con la idea hegemónicamente extendida de la discapacidad como resultado de una lectura de las singularidades anatómico-corporales y, por ello, una primera apuesta es separar dos nociones profundamente imbricadas: discapacidad = déficit. Muchos lectores y lectoras de este trabajo podrán disentir con esta idea diciendo *error! Eso sucedía antes, hoy ya no se asocia déficit a discapacidad, se ha consolidado el modelo social, ahora se entiende a la discapacidad como una cuestión de derechos, de derechos humanos, nada tiene que ver con el déficit.*[18] En un contexto de ampliación de derechos y de expansión de gramáticas del reconocimiento como el que hoy vivimos no sólo en Argentina podríamos decir que algo ha cambiado respecto de la discapacidad y los discapacitados. Algo ha cambiado sin embargo no significa que el par déficit/discapacidad haya desaparecido de trasfondo de la cuestión. La experiencia nos dice que aún en vigencia del denominado modelo social, la noción de déficit tiene una productividad muy vital para referir a la discapacidad. Es sin duda, para nosotras, uno de los núcleos más duros en las teorías de la discapacidad, que mejor se ha solapado dentro de las *nuevas* formas de comprensión. Resulta relativamente sencillo de advertir, pensemos si no en el requisito excluyente para la gestión del Certificado Único de Discapacidad (CUD), llave maestra para el acceso a las políticas específicas. No hay CUD sin diagnóstico médico, no hay CUD sin descripción y

---

[18] A lo largo de este trabajo el uso de las cursivas estará exclusivamente ligado a la referencia de las voces nativas, es decir, remitirán a ideas, frases, dichos, expresiones con las cuales nos hemos ido encontrando y nos han ido interpelando en el trabajo de extensión e investigación.

traducción en lenguaje biomédico de la singularidad. Es el único de los requisitos para gestión del CUD que no puede faltar. La traducción del diagnóstico en nomenclatura de CIF (Clasificación Internacional de Funcionalidades) o DSMIV[19] (*Manual Diagnóstico y Estadístico de Trastornos Mentales*) o el CIE 10 (Clasificación Internacional de Enfermedades) es fundamental por no decir ineludible. ¿A qué vamos con esta aclaración? A poner en escena la persistencia de ciertas ideas que en las retóricas o discursos actuales parecieran no tener cabida. Es decir, sigue vigente una asociación directa y lineal que une discapacidad y lo que en el campo biomédico se denomina *déficit*. Sobre esta asociación (ilícita) consideramos es preciso seguir interrogándose.

Uno de los interrogantes productivos que hemos encontrado para nuestro trabajo analítico ha sido pensar ¿cómo es posible, qué hace posible esta persistencia? ¿Cuál es la amalgama que articula los dispositivos en juego? Una primera aproximación hipotético- explicativa es que es posible por efecto de ideología, efecto de la ideología de la normalidad (Oliver, 2008-Rosato y Angelino, 2009). Así el hecho de que las distintas teorías de la discapacidad que la homologan al "déficit", operen más allá de la conciencia naturalizando sus predicados, constituye un rasgo particular del trabajo ideológico de la ideología de la normalidad. Este trabajo ideológico borra las huellas de los procesos históricos concretos de producción de discapacidad. Estas huellas (sociales, históricas, políticas) "desaparecen" de los discursos institucionales y comunitarios quedando frente a nosotros la

---

[19] El *Manual Diagnóstico y Estadístico de Trastornos Mentales (DSM)* está elaborado y avalado por la Asociación Psiquiátrica Norteamericana. Por su parte la Organización Mundial de la Salud (OMS) produce y reactualiza la Clasificación Internacional de Enfermedades (CIE) que ya está en su versión 10, es decir, se habla del CIEE10.

discapacidad, como sinónimo de déficit, como dato objetivo de la naturaleza.

La diferencia y su asociación directa con discapacidad y déficit están aquí —literal e innegablemente— a la vista. ¿Cómo no reconocerla? Althusser considera este "efecto de evidencia" como un "efecto ideológico"; más precisamente "efecto ideológico elemental". Así afirma "es propio de la ideología imponer (sin parecerlo dado que son "evidencias") las evidencias como evidencias que no podemos dejar de reconocer ante las cuales tenemos la inevitable y natural reacción de exclamar (en voz alta o en el "silencio de la conciencia"): ¡Es evidente! ¡Eso es! ¡Es muy cierto! En esta reacción se ejerce el efecto de reconocimiento ideológico que es una de las funciones de la ideología como tal (su contrario es la función de desconocimiento)" (1984: 66).

El déficit no es una realidad simple o una condición estática del cuerpo sino un proceso mediante el cual las normas reguladoras lo materializan como resultado de complejos procesos de reiteración forzada de esas normas. Por lo que afirmar que las diferencias son indisolubles de las demarcaciones discursivas, no es lo mismo que decir, que el discurso "causa" la diferencia. La pregunta sería entonces ¿a través de qué normas reguladoras se materializa el déficit"? ¿Y cómo la materialidad del déficit como algo dado supone y consolida las condiciones normativas para que se dé tal materialización? La separación entre la idea de déficit y discapacidad es básica e implica ya no esencializar el cuerpo, esencializar sus diferencias, sus excentricidades, sus transgresiones, sino recuperarlo como territorio de lo inscripto culturalmente, lo que posibilita profundizar el cuestionamiento en torno al déficit, desnaturalizarlo. Por ello es preciso comprender la constitución del déficit y no como un dato corporal dado sobre el cual se impone artificialmente la construcción de la discapacidad.

La ideología de la normalidad no sólo define a los discapacitados por lo que no tienen: su falta, su déficit, su desviación, su ausencia y su carencia; sino que también y simultáneamente confirma la completitud de los no discapacitados, que suelen ser igualados a los normales.

Esta lógica binaria se asienta sobre el "convencimiento" del valor de la normalidad: está bien ser normal, y si no lo eres, es imperativo hacer los tratamientos de rehabilitación necesarios para acercarse lo más posible a ese estado/condición. Los anormales vienen a conformarse como el 'exterior constitutivo' del campo de los sujetos (normales).

Así, en una primera síntesis podríamos decir que la *discapacidad no existe en sí*, ya que no existe por fuera de los dispositivos políticos, institucionales e ideológicos que la construyen como categoría legítima de clasificación y asignación de identidad.

Hablamos de dispositivos que se articulan en torno a la idea de discapacidad como problema individual (Angelino, 2009: 133) con fuerte anclaje en lo biológico, y en los cuales el Estado juega un papel central en su institución por su lugar estratégico en la producción de sentidos (materiales y simbólicos) y en la legitimación de los mismos.

Por ello consideramos imperativo que como profesionales que trabajamos e intervenimos en el campo de la discapacidad como campo de problemas, podamos volver a pensar la discapacidad desde un registro analítico que des-localizándola del territorio (exclusivamente) biomédico-hegemónico la relocalice poniendo en escena y al escrutinio los dispositivos, condiciones de posibilidad y emergencia, los actores sociales y políticos involucrados, las repercusiones materiales y simbólicas que se desatan.

Retomando estas puntas y entramándolas en este trabajo abordaremos la particularidad de las políticas estatales dirigidas a la discapacidad, los *efectos de estado* (Trouillot, 1999) que juegan en estas políticas y su papel en la producción de subjetividades *discapacitadas*. Para ello recurriremos a algunos aspectos de una experiencia de trabajo de campo del equipo de extensión/investigación en el que participamos, que se desarrolló durante dos años en una zona rural de la provincia de Entre Ríos, Argentina.[20]

Políticas específicas y producción de discapacidad: ¿efectos estatales?

Tal como anticipáramos en la larga introducción, nos proponemos poner en debate las relaciones entre políticas, discapacidad y Estado. Más específicamente mirar densa y microscópicamente las formas que asumen estas relaciones en la vida cotidiana de las personas clasificadas como *discapacitadas*.

---

[20] Avanzamos aquí en estos interrogantes a partir del análisis del material relevado por el equipo de extensión/investigación en el marco de la experiencia de trabajo territorial puesta en marcha desde 2007 en "Paraje Laguna Larga" (Dpto Villaguay, Entre Ríos, Argentina) en coordinación con los técnicos del Programa Social Agropecuario (PSA Ver Nota 1 al final de este artículo). Programa de Empleo Comunitario para discapacitados (PEC-Ver Nota 2 al final de este artículo) diseñado por la Gerencia de Empleo y Capacitación del Ministerio de Trabajo de la Nación, y puesto en marcha en la zona.

Partimos de entender al Estado como modo de dominación (Bourdieu, 1987) y a las políticas públicas como uno de los mecanismos más potentes de que dispone este modo de dominación estatal para producir, otorgar y reproducir identidades. Es a través de ellas que el Estado matiza, orienta, moldea modos de vida incorporando los múltiples modos en que la vida social podría ser vivida, alentando algunas capacidades y simultáneamente suprimiendo, marginando, corroyendo o socavando otras, y en ese sentido, este conjunto complejo de prácticas y procesos produce lo que denominamos "efectos" (Trouillot, 1999).

Proponemos seguir la pista de esas prácticas, procesos y efectos para incursionar en la "cocina" de la producción y reproducción de sujetos e identidades *discapacitadas*. Dicha incursión implica ampliar el horizonte de búsqueda ya que prácticas, funciones y efectos del Estado ocurren en sitios que no siempre coinciden con espacios típicamente estatales.

Esta apertura a los "efectos" de Estado permite analizarlo "desde abajo", a partir de las visiones e imaginarios construidos por la gente común sobre él y desde sus múltiples posicionamientos en términos de clase, género, etnicidad, raza, etc.

Resulta interesante entonces indagar acerca de estos efectos de Estado en el campo de la discapacidad y cómo los *discapacitados* son producidos y afectados por esta manera de ir generándolos como sujetos clasificados como tal.

El dispositivo discapacidad[21] y sus efectos. El caso del Programa de Empleo Comunitario

---

[21] Referimos a la discapacidad como dispositivo de control de los cuerpos. Para ampliar esta idea se puede ver en Vallejos, Indiana. (2009). *La discapacidad*

Una de las hipótesis que orientan el trabajo de nuestra investigación pone el énfasis en el accionar del Estado, en los agentes de reconocimiento y su papel central en la *producción de discapacidad* como categoría de clasificación e identificación de sujetos a los fines de su inserción, inclusión, integración al circuito de respuestas estatales.

La diferencia que podría existir entre toda política estatal y aquellas orientadas a la discapacidad radica, entre otras cosas, en las formas en que opera aquí la ideología de la normalidad (Almeida *et al.*, 2010). Siguiendo este razonamiento decimos que toda formulación e implementación de una política orientada o dirigida a la discapacidad tiende a reparar el déficit. Se abren al menos dos interrogantes ¿Qué significa "reparar" en esas políticas? ¿De qué modo esa noción está presente en su formulación e implementación?

El accionar de los agentes de reconocimiento —es decir aquellos encargados de clasificar a los sujetos como discapacitados o no— en el caso de las políticas en discapacidad está fundado en el modelo médico hegemónico de la discapacidad. En su accionar legitima la generación de medidas compensatorias de los efectos de las desventajas de las *injusticias de naturaleza*[22] y determinan y regulan los

---

certificada y la certificación del reconocimiento. En: Rosato, Ana y Angelino, María Alfonsina (coords). (2009). *Discapacidad e ideología de la normalidad. Desnaturalizar el déficit,* Noveduc, Buenos Aires.

[22] En varias ocasiones en conversación con personas discapacitadas y/o organizaciones se ha hecho referencia a la no elección de la condición de discapacidad, y a cierta injusticia, lotería o azar de la naturaleza operando en su distribución.

mecanismos y modos de acceso a los beneficios derivados del reconocimiento.

Al operar sobre la base de la idea subyacente de discapacidad como algo dado en el cuerpo (algo dado en la naturaleza biológica de los cuerpos, mentes, lenguajes) va instalando en los sujetos destinatarios y sus familias una imagen respecto de qué es ser discapacitado, qué tipo de beneficios tiene por serlo, qué aspectos de su condición pueden mitigarse por vía de las políticas, qué está dispuesto a reparar el Estado de ese daño *no elegido y arbitrario*.

Uno de los mecanismos de este dispositivo, es el de identificación puntual de aquel que debe cumplir ciertos requisitos para constituirse en beneficiario —demostrar y mostrar su condición a quienes en este caso son los agentes del reconocimiento, los médicos, y lo validarán a partir del diagnóstico que posibilitará el Certificado Único de Discapacidad (CUD).[23] Así, obtener el derecho a ser reconocido por y a través de las organizaciones/instituciones al mismo tiempo, promete garantía de cumplimiento de los requisitos y de las reparaciones que materializa el Estado.

La discapacidad se torna en una de las categorías que al igual que la edad y el género, terminan "sacralizadas en leyes, incrustadas en instituciones, rutinizadas en procedimientos administrativos y simbolizadas en rituales de Estado", y que tiene consecuencias (diríamos constitutivas) en el modo en "cómo la gente concibe su identidad y, en muchos casos, cómo debe concebirla y en cómo identifica "su lugar" en el mundo (Corrigan y Sayer, 2007: 41-46).

Entonces decimos que desde de sus políticas sociales, el Estado tiene el poder de delimitar un conjunto de personas

---

[23] Esto aparece ampliamente trabajado en Vallejos, Indiana. (2009). Op cit., p.

dentro del conjunto mayor. Esta demarcación/marcación posibilita la distinción/individualización de sujetos a los cuales le son asignadas una serie de características que en el caso de la *discapacidad*, se establece a partir de la presunción de la naturaleza biológica del déficit. Este proceso de biologización y naturalización del déficit asociado directamente con la *discapacidad*, se funda en la idea de la arbitrariedad natural de tal condición. Es decir, que no se ha elegido ser *discapacitado*. Así se sustenta la necesidad de políticas específicas para estos sujetos que como *discapacitados* son merecedores de la atención y acción del Estado.

Por otra parte, la implementación de estas políticas se hace posible en tanto las personas se reconozcan en esas características que las hacen "beneficiarios" de tal o cual programa, aun cuando su reconocimiento efectivo, por parte de los implementadores de planes y programas, ocurra cuando se demuestre a través de "pruebas" que el beneficiario reúne las características.

En el caso de la *discapacidad*, la certificación de la misma deben realizarla "especialistas" (los agentes de reconocimiento de que hablábamos antes) que actúan en un ámbito distinto del de la implementación. Para todas las políticas sociales dirigidas a la *discapacidad* esto funciona de esta manera.

Hablaremos aquí de un tipo específico de política social orientada a la discapacidad: el Programa de Empleo Comunitario para discapacitados (PEC). El trabajo de extensión-investigación en una zona rural del interior de la provincia de Entre Ríos nos permitió pensar y advertir acerca de estos mecanismos de los que venimos hablando.

Este trabajo implicó mirar y participar en las acciones mínimas, cotidianas, que se desarrollaron durante dos años en esta zona para que los PEC se implementaran en Laguna Larga (como se denomina el lugar donde hicimos nuestra investigación).

Nuestra participación estuvo desde el principio atravesada por un doble movimiento intervenir-investigar. Por un lado como extensionistas de la universidad nos vimos involucrados en acciones requeridas por instituciones de la zona respecto de la implementación *en el campo de las políticas que había para discapacidad en la ciudad* (por ejemplo el PEC) y por otro lado (o por el mismo) la imperiosa necesidad de pensar y producir preguntas acerca de lo que íbamos haciendo. Este es el contexto en el cual pudimos producirnos conocimiento, acciones, relaciones.

Los procesos de asignación y ejecución de estos programas de empleo en el trabajo realizándose constituyen en un punto central para pensar la concepción de *discapacidad* que se puso en juego, los supuestos existentes en el diseño de las políticas, las representaciones acerca de lo que puede o no puede hacer una persona discapacitada, las ideas presentes acerca del "trabajo" y las formas de producción y reproducción de estos sentidos puestos en marcha en todo este proceso.

Identificando beneficiarios: quién es y quién no es

A lo largo del trabajo de investigación se trabajó principalmente con una de las instituciones que tiene más presencia en el ámbito rural: la escuela. También lo hicimos con el Salita de primeros auxilios de la zona y con los técnicos del Programa Social Agropecuario. Estas tres instancias eran las formas primordiales en que el Estado se hacía presente en el campo.

Tanto las maestras de la Escuela N°15[24] y técnicos del PSA no escapaban a las ideas que consideramos hegemónica de *discapacidad* en donde la referencia estaba vinculada a la *falta, a la disfuncionalidad,* a la parte *fallada de algún miembro o función, al bajo rendimiento escolar y a la deserción escolar.*

En los diálogos que mantuvimos con las maestras al referirse a alumnos *discapacitados* o *discapacitados* en la zona, se apelaba a modelos educativos normalizados y normalizadores para intentar identificar quiénes eran los que ellas conocían o reconocían como tales. También se hacía presente una mirada "biologizada" a partir de la cual buscaban encontrar "caras", "aspectos" o marcas identificables en los cuerpos. Es decir, rápidamente hacían un recorrido por sus exalumnos para encontrar en alguno de ellos características en las que subyacía esta idea de *discapacidad*.

Había, hay que decir, coincidencia entre la noción de *discapacidad* y de sujetos *discapacitados* que suponían las políticas orientadas a la discapacidad que eran demandadas por maestros y técnicos, y las percepciones sobre *discapacitados* que tenían los habitantes de la zona. En ambos casos se

---

[24] La Escuela N° 15 es la más grande de las 100 escuelas rurales que existen en el departamento Villaguay, provincia de Entre Ríos. Con el equipo institucional de esta escuela comenzamos a trabajar sobre el tema discapacidad desde el año 2007 y hasta 2010, y se constituyó en una de las unidades de observación de nuestra investigación respecto de políticas en discapacidad.

"producían sujetos" o imágenes de sujetos *discapacitados* que coincidían con personas específicas, concretas, con nombre y apellidos, los cuales podrían constituirse de ahora en adelante en beneficiarios de la política específica.

Aquí esta "marca" o "falla" corporal, mental o sensorial que lo lleva a estar clasificado como *discapacitado* no es responsabilidad del sujeto. Es externa, está fuera de su dominio, le pasó, sucedió, nació así. Esta adjudicación a la naturaleza o situaciones accidentales de ser *discapacitado* lo hace un poseedor de derechos diferentes, de políticas específicas que deben remediar lo que la naturaleza hizo con ellos, los hace merecedores incuestionables de una política particular.

Políticas sociales como procesos de conocimiento, reconocimiento e identificación. El re-reconocimiento de la certificación

Para acceder al PEC era necesario que cada potencial beneficiario tuviera su Certificado Nacional de *Discapacidad*.

La convocatoria a la médica de la salita de primeros auxilios de la zona para que pudiera agilizar el trámite de la certificación primera para luego presentar ante la Junta Certificadora (para obtener el CUD hay que llegar la Junta Certificadora con una historia clínica hecha por supuesto por un médico, entre otros *papeles*), reinstalaba, reproducía una vez más esta idea de *discapacidad* descripta. La necesidad de encontrar alguna marca biológica para que "entren" en el perfil que la política establece se ponía en tensión con el intento constante de corrernos para disputar un sentido respecto de *discapacidad*.

Aparece aquí ligada a esta política específica una idea no solo respecto a "trabajo" o "empleo", sino también el tipo de empleo a que se accede y las subjetividades que genera.

Venimos diciendo que el Estado y las políticas específicas juegan un papel central en la constitución e imposición de estos modos hegemónicos y biologizantes de entender y atender a la *discapacidad* y, por lo tanto, de producirla. En este sentido los PEC tienen todas estas "marcas" de las políticas: es un beneficio individual, y no por ejemplo para la familia o alguna institución en la que el *discapacitado* esté incluido, es solo para la persona discapacitada que puede acreditar fehacientemente que lo es con un certificado nacional de *discapacidad* otorgado por una Junta de "expertos".

Como sucede con otras políticas, la idea de lo individual vuelve a situar el problema en el *discapacitado*, en su cuerpo, en su mente. Y aunque parezca algo obvio resulta importante pensar acerca de la productividad que tiene este supuesto, que se actualiza una y otra vez, en este caso con la experiencia de ser beneficiario de una política particular.

Podríamos preguntarnos qué implicancias, consecuencias, tiene en el ámbito familiar ser beneficiario de una política específica para *discapacitados*. La pregunta debería irradiar hacia varias dimensiones, a nivel subjetivo en las posibilidades que se generan a partir de ello para los *discapacitados* o a nivel del grupo familiar, que impacto tiene esta política —por ejemplo— en un hogar en donde nadie tiene un trabajo.

El proceso de implementación de la política generó que los *discapacitados* que en general no participaban de las instituciones de la zona, empezaran a hacerlo.

Esto contribuyó a que lo hicieran certificadamente como *discapacitados*. La implementación de esta política les devolvió no solo un "papel" donde decía que eran *discapacitados*, sino también una imagen hacia ellos mismos, hacia sus familias y hacia las instituciones como *discapacitados*, identidad, lugar, imagen que si antes era sospechado ahora estaba legitimado.

La política específica lo que viene a hacer es práctica y simbólicamente a clasificarlos, adjudicarles un lugar identitario como beneficiarios de la misma. Si había alguna duda de que estos sujetos fueran *discapacitados* o algo parecido, las dudas se esfumaron con la implementación de los PEC.

Revisitando categorías, repensando la experiencia

Es la noción de déficit como efecto de ideología y su correspondiente certificación la que vendría a habilitar la posibilidad de ser considerado beneficiario de esta política de trabajo en el sentido planteado por los PEC.

La posibilidad de puesta en acto de esta política parte de la necesidad del *reconocimiento*, a partir del cual algunos sujetos devinieron beneficiarios de los PEC. Antes no necesariamente estas personas eran nombradas como *discapacitados*.

Esto implicó para los diferentes agentes de la política, las maestras, los técnicos del Programa Social Agropecuario, nosotros como integrantes del programa de extensión-investigación, volver la mirada en pos de clasificar/demarcar a aquellos sujetos *sospechados* de la identidad, que en este caso sería la que posibilitaría constituirse en beneficiario.

El proceso estuvo atravesado por ideas, imágenes y percepciones respecto de la *discapacidad*, que no solo encontramos en las teorías de la *discapacidad*, sino en el accionar de sus instituciones estatales y en el despliegue estratégico de sus políticas.

Se produce un doble proceso de reconocimiento: beneficiarios y agentes de reconocimiento. Estos últimos serán los encargados de poner en juego los mecanismos para identificar, demarcar, clasificar a quienes se constituirán en beneficiarios. Estos agentes [5] no solo legitiman la generación de medidas compensatorias, sino que determinan y regulan los mecanismos y modos de acceso a los beneficios secundarios derivados del reconocimiento.

Así, uno de los ejes sobre los cuales se montan las argumentaciones que intentan mostrar al reconocimiento como un punto nodal para resolver cuestiones de injusticia, tiene que ver con reestablecer una identidad desvalorizada o un reconocimiento inadecuado de determinados grupos o sectores, dado que esa desvalorización lleva consigo prácticas sociales y estatales que fundan una relación de injusticia.

Desde esta perspectiva se produce una falta de respeto, una invisibilización, un reconocimiento inadecuado respecto de determinados grupos sociales que no "encajan" en el modelo de interpretación cultural hegemónico de una época determinada, y que, por lo tanto, quedan relegados a relaciones y prácticas de opresión. El tipo de política pública que se reclama hunde sus raíces en la especificación, en la diferenciación de los grupos, en la necesidad de mostrar la particularidad de un grupo que requiere por lo tanto una respuesta adecuada a su propia situación.

En *discapacidad* desde el punto de vista de las políticas y de los modos hegemónicos culturales de comprenderla, se construye que la explicación última está en la naturaleza, en la biología, en algo que no está elegido por los *discapacitados*, sino que le "tocó" vivir. Esta distinción de la responsabilidad individual respecto de la situación de desventaja no es menor, no solo en términos simbólicos sino como consecuencia de esta interpretación en las formas operativas y prácticas en que se ponen en movimiento las políticas para el sector.

Hablamos aquí de las políticas públicas dirigidas a *discapacitados*, en general las que circulan están vinculadas con mejorías en cuanto a la situación económica: pensiones, pases libres, prioridades para acceder a vivienda, planes laborales específicos, asignaciones familiares diferenciadas, etc.

Entonces, ¿estas políticas apuntan a resolver situaciones de supuesta desventaja de reconocimiento que se materializaría en una cuestión económica? Sí, en apariencia ese sería el camino. Sin dudas esto genera en los *discapacitados* inscripciones y percepciones acerca de sí mismos. Este proceso es un proceso de asignación de sentido sutil, a veces invisible pero poderosamente material y que opera de manera contundente en la vida de los sujetos.

Siguiendo con el PEC es interesante analizar por qué esta política que propone una forma de incluir en el mundo del trabajo a personas que en principio se supone no pueden hacerlo por su condición de *discapacitados*, no es incompatible con la mayoría de las pensiones por *discapacidad* que también están fundadas en el supuesto de que los *discapacitados* no pueden acceder al mundo del trabajo y a través de ellas se resarciría su derecho al mismo.

Habría aquí dos políticas específicas que por distintas vías suponen minimizar las desventajas de ser *discapacitados*. *Reparan algo*. Comparten, además, la necesidad de acreditación oficialmente certificada de la *discapacidad*.

En el caso de Laguna Larga aparece —a lo largo del trabajo etnográfico— con mucha fuerza este proceso de identificación, demarcación, clasificación y certificación construirá beneficiarios de políticas, discapacitados merecedores de políticas específicas que *reparen en algo las injusticias de naturaleza*. Y allí nosotros, el equipo de extensión —cual expertos del Estado— tuvimos un papel fundamental. Vaya paradoja para pensar seriamente.

¿Es posible pensar las políticas sociales orientadas a la discapacidad como políticas de reparación?

Al basarse en la ideología de normalidad toda formulación e implementación de una política orientada o dirigida a la *discapacidad* tiende a *reparar* el *déficit*.

Se abren entonces dos interrogantes ¿Qué significa "reparar" en esas políticas? ¿De qué modo esa noción está presente en su formulación e implementación?

Reparar refiere, en el sentido común, arreglar algo que está estropeado, remendar, remediar o corregir, y también remite a desagraviar, satisfaciendo a alguien que fue víctima de una ofensa o de una injusticia. En el Derecho, es utilizado fundamentalmente en lo que se denominan políticas de reparación o reparadoras, hacia aquellas personas/víctimas que sufrieron alguna injusticia derivada de políticas implementadas por regímenes políticos que apelaron para legitimarlas a un terrorismo de Estado.[25] Estas leyes no solo establecen una relación entre un hecho político, damnificados y compensaciones, sino que están respaldadas por otras en las que se garantiza que "eso", la causa del "daño", no volverá a ocurrir, por lo tanto se garantiza que no habrá víctimas futuras.

En el caso de las políticas en discapacidad no habría daño producido, dado que en la lógica biologizante este proviene de la naturaleza, por lo cual se podrá equiparar lo dañado a lo normal, pero no se puede intervenir en el natural funcionamiento de la sociedad.

Por otra parte, ambos tipos de políticas (reparatorias y discapacidad) convergen al menos en un punto que consideramos central: la reparación está unida a una compensación, tiene como objetivo, casi siempre, reparar económicamente aquello a lo que refiere como "problema" o "daño". Lo que las equipara a aquellas políticas que, en términos de Fraser (2000), tienden a solucionar las "injusticias" arraigadas en la estructura socio-política de la sociedad, a reparar, bajo la forma de redistribución, la desigual distribución de recursos.

En el caso de las políticas estatales dirigidas a la *discapacidad*, aun cuando tiendan a la redistribución, estas conllevan un componente de "reconocimiento" de la diferencia. La importancia de estas políticas en la constitución e imposición de modos hegemónicos sustentados en explicaciones biologizadas que sirven no solo a nuestro sentido común, sino también son base de leyes y decretos, es que llevó a entender y atender que la *discapacidad* está presente en el

---

[25] En nuestro país, bajo el nombre de "políticas reparatorias" fueron promulgadas en los '80 a fin de compensar a las víctimas del terrorismo llevado a cabo, en nombre del Estado, por la última dictadura cívico-militar.

campo y en correlación de muchas prácticas que, hoy, hacen a su definición, que son consideradas la *llave* de acceso a los beneficios de programas estatales.

Esta llave, según nuestra perspectiva, es parte de un dispositivo que se materializa en políticas asignando identidades fijas y constituyendo a los *discapacitados* como *merecedores*, en tanto *discapacitado,* condición que se presume y asume como *no deseada, desviada, no querida e irreversible*.

Tienen como consecuencia que las políticas estatales/sociales orientadas a la *discapacidad* puedan ser clasificadas como reparatorias, redistributivas, y también afirmativas. Las mismas intensifican, al mismo tiempo que *corrigen*, la diferenciación de grupos pudiendo generar un reconocimiento "inadecuado" (Fraser, 2000: 143-144).

En sentido opuesto, existen políticas estatales que van dirigidas directamente a la "*discapacidad*" y, por lo tanto, actúan reconociendo y constituyendo al grupo "*discapacitados*", y puede tener un efecto de homogeneización del grupo creado sin tener en cuenta las especificaciones dentro de ese grupo, por ejemplo la diferenciación entre "*ricos*" y "*pobres*".

En las políticas de *discapacidad* la idea de reparación remitiría a una restitución simbólica, ya que las demandas de las personas discapacitadas o sus familias están asociadas al reclamo ante el Estado de que "se haga algo por los *discapacitados*" como sector que ve sistemáticamente vulnerado sus derechos en tanto grupo en desventaja por su condición de *discapacitado*.

Rastreando en la literatura científica acerca de la idea de reparación y de **políticas de reparación,** las mismas están asociadas a las políticas que se ponen en marcha frente al reconocimiento de la violación sistemática y masiva de los derechos humanos fundamentales por parte de los Estados Nación.[26]

A partir de estos elementos nos preguntamos ¿Es posible recuperar elementos de análisis de las políticas de reparación para pensar en caso de las políticas en *discapacidad*? ¿Cuáles son las operatorias que se ponen en marcha en *discapacidad*?

Habría, inicialmente, un principio de reconocimiento de que existen sujetos distintos y que su condición no elegida los torna sujetos merecedores de políticas de reparación. A partir de allí se pondrían en marcha una serie de dispositivos y procedimientos de determinación de cada uno de los que integrarán este grupo y en qué medida se les reparará (la reparación con sus límites). Por último, se ofrecerá un paquete de medidas de reparación que en ningún caso implica el segundo momento: el de la restitución. Lo paradojal es que si algo (o alguien) puede ser reparado, es debido a que hay reconocimiento de que algo que aconteció produjo un daño a ser reparado. La Reparación implica pensar en cuál es la cosa a ser restituida. ¿Qué será lo que se restituye aquí? ¿Qué propone restituir la política y qué pide se les restituya el/la *discapacitado/a*?

---

[26] En ese sentido los Estados tienen el deber de adoptar, cuando la situación lo requiera, medidas especiales a fin de permitir el otorgamiento de una reparación rápida y plenamente eficaz. La reparación deberá lograr soluciones de justicia, eliminado o reparando las consecuencias del perjuicio padecido, así como evitando que se cometan nuevas violaciones a través de la prevención y la disuasión. La reparación deberá ser proporcional a la gravedad de las violaciones y del perjuicio sufrido, y comprenderá la restitución, compensación, rehabilitación, satisfacción y garantías de no repetición".

Habría en principio una idea que consideramos articula ambas cuestiones: la víctima (*discapacitado*) pide se restituya su condición de sujeto de derecho (subyacentemente el pedido es de humanización) cuestionada a partir de un diagnóstico que en algún sentido lo deshumanizó y lo desafilió de una serie humana y humanizante.[27]

Qué debe aparece como lo que deber ser reparado entonces:

- su condición **humana** a partir del reconocimiento de su existencia. Se materializa en la inclusión en la constitución provincial, nacional, y todas las políticas **en sí.**

- La situación de desventaja que viene asociada a la condición de *discapacidad* en el sentido de que la segunda **genera** la primera. Es en este planteo la

---

[27] Esta deshumanización no necesariamnete implica una explicitación o imputación directa de no humanidad, sino que más bien opera mediante recursos eufemísticos que solapan el mecanismo. Pensemos en ciertas ideas aún presentes en el imaginario social más extendido que asocia a los discapacitados, fundamentalmente aquellos incluidos en la categoría discapacitados mentales, con ángeles o angelitos o seres angelicales. Miles por no decir millones de poemas, escritos, libros, cartas, correo de lectores, powerpoint con música e imágenes de seres angelicales con rostros de niños y niñas con síndrome de Down —por ejemplo— o con parálisis cerebral que hacen llorar a cualquiera. Y no está mal o bien. Reproducen la ideología de la normalidad. Con las mejores intenciones. Excede esta tesis el tratamiento analítico de las imágenes como representaciones cristalizadas que ocupan un lugar clave en nuestra percepción del mundo y de los que habitan en él. Tal como afirma Sergio Caggiano (2012) en *El sentido común visual* publicado por Miño y Dávila, los repertorios visuales hegemónicos naturalizan imágenes, valores, posiciones y relaciones sociales, y postulan legitimidades y consagran jerarquías.

discapacidad la que genera desventajas en los sujetos portadores.[28]

- La "falta" que se *evidencia* en ese cuerpo, mente, lenguaje. Aquí se pone en juego la idea de reparación fantasmática asociada a la idea de cuerpo completo.

En el caso de los *discapacitados*, ¿cuánto estas demandas de subjetividad están asociadas a demandas de identidad? ¿cómo se articulan estas demandas políticas de reconocimiento con las demandas que podrían leerse de reparación?

En el actual contexto de debate de estas políticas, la *discapacidad* se ha tornado una cuestión de derechos humanos, que hace encajar la demanda del sector otorgándole un sentido de reparación, en sentido semejante al que maneja de "justicia transicional".

Con lo antes expuesto y en la búsqueda de nuevas pistas y preguntas en el proceso de producción de conocimiento en torno a las políticas orientadas a la *discapacidad* nos preguntamos: ¿Será posible posicionarnos en esta perspectiva y analizar desde allí los procesos de exclusión, separación, negación que se producen en la *discapacidad*? ¿Cómo se constituye la idea de víctimas en *discapacidad*? ¿Serán en esta lectura victimas de la portación no elegida (aquí la idea de injusticia de naturaleza) de una característica estigmatizante a partir de la cual son discriminados?[29]

---

[28] En este sentido como equipo venimos planteando la necesidad de subvertir este orden analítico para sostener que es la exclusión la que produce discapacidad. Para ampliar sobre esta idea ver Almeida M.E. (2009): *Exclusión y discapacidad: entre la redistribución y el reconocimiento*, en Rosato, A.; Angelino, A. (coord.) (2009). Op. cit.

[29] Francois Dubet, en su obra *Repensar la Justicia Social* (2011) conceptualiza dos concepciones de justicia social que se pueden dar en la sociedad: la igualdad de posiciones y la igualdad de oportunidades, cada

Si las políticas estatales orientadas a la *discapacidad* se distinguen de otras políticas estatales, es por el modo en que la ideología de la normalidad las moldea y si tienen algo en común con otras políticas estatales, es que vienen a intervenir como una solución a "problemas" derivados de las injusticias. La operación, entonces, es sobre/en la "redistribución" pero dicha operación oculta, efecto ideológico al fin, las desigualdades que están en la base de las injusticias.

En el caso de las políticas orientadas a la *discapacidad*, ¿cualquier acción del Estado en términos de reconocimiento y compensación tendría un *efecto reparatorio*?

Y no será que concomitante al *efecto reparatorio* se reproduce el efecto naturalización ideológica del déficit y cristalización identitaria que produce discapacidad? Las búsquedas por responder a estos y otros interrogantes que se

---

una de ellas abre a modos distintos no siempre contradictorios de pensar las diferencias y de proponer políticas para atenuarlas. Dentro de las críticas que Dubet realiza a la igualdad de oportunidades, está la siguiente: "Con la igualdad de oportunidades, se pasa de la pareja explotación/trabajo a la pareja discriminación/identidad. Este cambio implica dos especies de obligaciones: la de demostrar que se es víctima de desventajas o de discriminaciones, y la de reivindicar una identidad propia contra los prejuicios y las identidades asignadas. Esta lógica *a priori* normal puede tener, sin embargo, efectos negativos. Concebir las desigualdades en términos de discriminaciones conduce a jerarquizar las víctimas que tienen interés de 'exhibir' sus sufrimientos y las injusticias que sufren, con el fin de obtener la ventaja diferencial que les permitirá beneficiarse con ayudas específicas. El mundo de las víctimas, por otra parte, no es necesariamente fraternal: cada uno, individuo o grupo, debe presentarse como si fuera más víctima que los demás" (2011: 77).

desatan en la compleja relación extensión/ investigación se constituyen como los nuevos desafíos.

Bibliografía

ALMEIDA, ME, ANGELINO, MA (2012). Debates y perspectivas en torno a la discapacidad en América Latina" UNER E Book http://biblioteca.fts.uner.edu.ar/novedades/libros/00-Libro_Debates_Aca_Latina.pdf

ALMEIDA, M.E. (2009). Exclusión y discapacidad: entre la redistribución y el reconocimiento En: Rosato, A.; Angelino, M. "Discapacidad e ideología de la normalidad. Desnaturalizar el déficit". Buenos Aires: Noveduc.

ANGELINO, M.A. (2009). La discapacidad no existe, es una invención. De quienes fuimos (somos) siendo en el trabajo y la producción. En: Rosato, A.; Angelino, M. "Discapacidad e ideología de la normalidad. Desnaturalizar el déficit". Buenos Aires: Noveduc.

ANGELINO, M.A. (2009). "Ideología e ideología de la normalidad" En: Rosato, A.; Angelino, M. "Discapacidad e ideología de la normalidad. Desnaturalizar el déficit". Buenos Aires: Noveduc.

BARTON, L. (Compilador). 1998. "Discapacidad y sociedad". Madrid: Morata-Fundación Pandeia.

BOURDIEU, P. 1997. *Razones prácticas*. Sobre la teoría de la acción. Barcelona: Anagrama. 4. Espíritus de estado. Génesis y estructura del campo burocrático.

BUTLER, J. (2002). "Cuerpos que importan". Serie género y cultura. Buenos Aires: Ed. Paidós.

DUBET, F. (2011) *Repensar la justicia social*, Buenos Aires: Siglo XXI Editores.

FRASER, Nancy (1998) *La justicia social en la era de la política de identidad: redistribución, reconocimiento y participación* Enhttp://www.trabajo.gov.ar/left/estadisticas/descargas/revistaDeTrabajo/2009n06_revistaDeTrabajo/2009n06_a05_nFraser.pdf [búsqueda de febrero de 2010]

FRASER, N. y HONNETH, A. (2006). *¿Redistribución o reconocimiento?* Madrid: Morata

KIPEN, E. 2012 "En torno a una conceptualización -(im)posible- de la discapacidad". En: Angelino, M. y Almeida M. (comp.) Debates y perspectivas en torno a la discapacidad en América Latina. En:http://biblioteca.fts.uner.edu.ar/novedades/libros/00-Libro_Debates_Aca_Latina.pdf

KIPEN, E.; VALLEJOS, I. (2009) "La producción de discapacidad en clave de ideología". En: Rosato, A.; Angelino, M. *Discapacidad e ideología de la normalidad. Desnaturalizar el déficit.* Buenos Aires, Noveduc.

LAGOS M. L.; CALLA P. (2007) "*Antropología del Estado. Dominación y prácticas contestatarias en América Latina*" Plural Editores. pp. 39-116. Cuaderno de Futuro 23 Informe sobre desarrollo humano.

OLIVER, MIKE. (2008). Políticas Sociales y *discapacidad*. Algunas precisiones conceptuales. En: BARTON,

LEN (comp.). *Superar las barreras de la discapacidad.* Madrid: Morata.

ROSATO, A., ANGELINO, A (coord.) 2009. *Discapacidad e ideología de la normalidad. Desnaturalizar el déficit.* Buenos Aires: Noveduc.

ROSATO, A. y ANGELINO M.A. y otros (2009). "El papel de la ideología de la normalidad en la producción de discapacidad". Revista *Ciencia, Docencia y Tecnología* [online]. 2009, n.39, pp. 87-105. ISSN 1851-1716. En:http://www.scielo.org.ar/scielo.php?script=sci_arttext&pid=S1851-17162009000200004

TROUILLOT, Michel-Rolph 2001 "La antropología del Estado en la era de la globalización. Encuentros cercanos de tipo engañoso". En: *Current Anthropology*, Vol. 42, N° 1, febrero. Traducción: Alicia Comas, Cecilia Varela y Cecilia Diez.

VALLEJOS, Indiana. (2009). *La discapacidad certificada y la certificación del reconocimiento.* En: ROSATO, ANA y ANGELINO, MARÍA ALFONSINA (coords). *Discapacidad e ideología de la normalidad. Desnaturalizar el déficit.* Buenos Aires: Noveduc.

Notas

[1] El Programa Social Agropecuario es una política social nacional que tiene en cada una de las provincias una delegación provincial. A su vez cada delegación provincial cuenta con "técnicos de terreno" como se denominan ellos mismos porque así se los llama dentro de la descripción de la política específica que trabajan en los diferentes departamentos de cada provincia. El trabajo consiste en sostener un trabajo de asesoramiento técnico para aquellos sectores denominados "más pobres" (para lo cual existe un perfil en el que deben encuadrar los destinatarios de la política) del ámbito rural y pequeños subsidios que apuntan a generar acciones productivas en el ámbito familiar para la subsistencia y para la

comercialización local de los productos agrícolas. A partir del año 2005 el programa desarrolló otras líneas de beneficios relacionados con el mejoramiento de la calidad de vida, como por ejemplo subsidios para la compra de electrodomésticos; abordajes territoriales que implican ya no trabajar un técnico varios grupos, sino varios técnicos de una zona trabajando con varios grupos a la vez.

[2] El Programa de Empleo Comunitario constituye una política nacional del Ministerio de Trabajo de la Nación que ofrece, a jóvenes mayores de 16 años que acrediten *discapacidad* a través del certificado nacional de *discapacidad* y que no tengan trabajo, la posibilidad de insertarse laboralmente en una institución que presente un proyecto de trabajo específico y la retribución de un pago mensual de $150. El Programa plantea en sus objetivos: "Brindar ocupación a trabajadores con *discapacidad* de baja calificación laboral que se encuentren desocupados. Las actividades que se desarrollen deben tender a mejorar las condiciones de empleabilidad de los beneficiarios y/o la calidad de vida."

[4] La Escuela N° 15 es la más grande de las 100 escuelas rurales que existen en el departamento Villaguay. Con el equipo institucional de esta escuela comenzamos a trabajar sobre el tema *discapacidad* desde el año 2007 hasta la actualidad y constituye una de las unidades de observación de nuestra investigación respecto a políticas en *discapacidad*.

[5] Esto está ampliamente trabajado en Vallejos, I. (2009). Op. cit.

[6] En nuestro país, bajo el nombre de "políticas reparatorias" fueron promulgadas en los '80 a fin de compensar a las víctimas del terrorismo llevado a cabo, en nombre del estado, por la última dictadura cívico-militar.

[7] En ese sentido los Estados tienen el deber de adoptar, cuando la situación lo requiera, medidas especiales a fin de permitir el otorgamiento de una reparación rápida y plenamente eficaz. La reparación deberá lograr soluciones de justicia, eliminando o reparando las consecuencias del perjuicio padecido, así como evitando que se cometan nuevas violaciones a través de la prevención y la disuasión. La reparación deberá ser proporcional a la gravedad de las violaciones y del perjuicio sufrido, y comprenderá la restitución, compensación, rehabilitación, satisfacción y garantías de no repetición".

[8] En este sentido como equipo venimos planteando la necesidad de subvertir este orden analítico para sostener que **es la exclusión la que produce** *discapacidad*. Para ampliar sobre esta idea ver Almeida, M.E. (2009). *Exclusión y discapacidad: entre la redistribución y el reconocimiento,* en Rosato, A.; Angelino, A. (coord.) (2009).

Pobreza: la perspectiva de las personas que "ayudan"

Leonel Del Prado (UADER)

En el presente trabajo realizamos un análisis de cómo son construidos discursivamente los habitantes de un *barrio pobre* de la ciudad de Concordia por distintas personas que trabajan cotidianamente en el mismo, desde instituciones estatales y organizaciones no gubernamentales, dichos actores construyen un discurso, el cual desde diferentes perspectivas responsabiliza a los pobres por su situación. Remarcamos entonces que se genera un proceso de visibilización de la pobreza acompañado de un proceso de responsabilización de las personas por su situación.

Introducción

El presente artículo se inscribe dentro de las líneas de indagación al interior del Proyecto de Investigación y Desarrollo Anual "Construyendo identidades en la ciudad de Concordia desde su fundación hacia el bicentenario" dirigido por la Dra. Marcela Alejandra País Andrade (Resolución N°: 1232/11), desarrollado en la sede de ciudad de Concordia, de la Facultad de Humanidades, Artes y Ciencias Sociales de la Universidad Autónoma de Entre Ríos entre los años 2011-2013. En dicha investigación se indagó sobre la construcción de la identidad en la ciudad, haciendo énfasis en los procesos de disputas y tensiones que se dan en la historia y la cultura de dicha localidad.

Dado que Concordia es considerada una de las ciudades más pobres de Argentina, y que las distintas situaciones de *pobreza* se encuentran enmarcadas al interior de un contexto en el que la Argentina, y los distintos países latinoamericanos han revitalizado el discurso del desarrollo en su afán de construir propuestas superadoras del neoliberalismo (Escobar, 2009; Gudynas, 2011), para pensar la ciudad, nos preguntamos ¿Qué lugar ocupan los denominados *pobres*[30] de la ciudad de Concordia en este modelo de desarrollo?

Según distintos autores "los gobiernos progresistas" de América Latina se encuentran embarcados en un nuevo modelo denominado "neodesarrollismo extractivo", modelo en el que se busca el crecimiento económico mediante la inversión extranjera y la exportación de materias primas, con la finalidad de lograr el desarrollo y superar los problemas de pobreza (Gudynas *et al.*, 2008). Se remarca que la ola de gobiernos "progresistas" —más allá de sus diferencias— han colocado el tema de la pobreza dentro de sus preocupaciones principales, la han reconocido como tal y han implementado un conjunto de políticas para abordarla.

Para avanzar en la problematización de estas preguntas elegimos como unidad de estudio el barrio *El Silencio*, el cual entendemos como una manifestación emblemática de lo que es la *pobreza* y lo que significa *ser pobre* en la ciudad de Concordia. Entendemos que dicho barrio es considerado por gran parte de los habitantes de la ciudad como *El barrio pobre*, y en función de ello se realizan un conjunto de prácticas de intervención desde diferentes organizaciones e instituciones de la ciudad para con la población que habita en dicho barrio, la

---

[30] Las palabras nativas —es decir aquellas que utilizan cotidianamente las personas con las cuales nos relacionamos en la investigación— las ponemos en cursivas y las citas de distintos autores entre comillas.

cual según datos relevados por la comisión vecinal del mismo, se encuentra conformado por 150 viviendas y aproximadamente 450 personas. Estas prácticas de intervención se encuentran fundamentalmente vinculadas a *ir a ayudar*, frase que incluye un amplio espectro de actividades que incluyen desde realizar *colectas, dar de comer a la gente, curar, educar,* hasta *dar apoyo espiritual.*

El objetivo que busca el presente trabajo es comprender cómo se construye la población del barrio *El Silencio* y cuál es su lugar en la ciudad. Para ello, recuperamos la perspectiva de las distintas personas del barrio que *ayudan a sus vecinos* y otras personas que se trasladan y acercan al mismo *ayudar* a los habitantes del barrio y quienes *trabajan* en el mismo en distintas instituciones estatales, quienes a su vez plantean dicho trabajo como una *ayuda* y/o un *servicio* para con la población de *El Silencio*. El objetivo es indagar el lugar que ocupan estos sectores (los que prestan *la ayuda*) en la ciudad, y sobre todo cómo ven/construyen discursivamente a la población destinataria de su ayuda, y cuáles son los distintos fundamentos de sus prácticas. Entendemos que estos sectores que tratan frecuentemente con la población, ocupan un lugar importante en la construcción social de dicha población ya que es un grupo que posee una voz autorizada para hablar del barrio, en tanto va a *ayudar* al barrio y *conoce* a la gente.

Para la realización del presente trabajo, nos enmarcamos en una perspectiva teórica que abreva de los análisis del discurso de Michel Foucault, y que posteriormente fue desarrollada para analizar el "orientalismo"[31] por Edward

---

[31] "Orientalismo" lo define como un discurso, como "un estilo occidental que pretende dominar, reestructurar y tener autoridad sobre Oriente" (Said, 2010: 21).

Said (2010) y el "desarrollo"[32] por Arturo Escobar (2007), este es el punto de partida que nos permite analizar cómo los distintos sujetos son construidos por otros, en desiguales condiciones de poder, y en función de ello se establece un conjunto de políticas para dicha población.

En el presente caso los construidos son los *pobres del barrio El Silencio* y los constructores las distintas personas que representan organizaciones de la sociedad civil y el Estado que se acercan al barrio para *ayudar* o *trabajar*. Entendemos que se construye a la población destinataria con un conjunto de atributos de distinta índole, que la construyen como responsable por su situación.

El Silencio

La ciudad San Antonio de Padua de la Concordia, conocida como la "capital del citrus" del país, a inicios del siglo XXI ocupó las primeras planas de los diarios nacionales, al ser reconocida como la "capital de la pobreza" y "la capital de la desocupación", el porcentaje de la población que se encontraba debajo de la línea de pobreza en el año 2001 era de 57,7 % y la indigencia de 25,2 %, las cuales ascendieron el año posterior —2002— a 71,7 % y 45,8 % respectivamente, cifras que duplicaban los valores nacionales (Reta, Rossi & Toler, 2008: 43). Diferentes estudios sociales referidos a la ciudad dan cuenta de las distintas problemáticas que posee Concordia,

---

[32] El "desarrollo" como discurso, Escobar lo enmarca como un capítulo más de un proceso histórico de imposición colonial del modelo de vida de Occidente sobre el resto del mundo, el autor va a hacer énfasis en la denominada "era del desarrollo", la que se inicia con las políticas implementadas por Truman luego de la segunda guerra mundial, políticas que van a homogeneizar las distintas formas de vida de África, Asia y Latinoamérica denominándolas como subdesarrolladas. En otro trabajo (Del Prado, 2013) analizamos el planteo de Escobar y remarcamos la potencialidad de su perspectiva.

entre las que sobresalen: la pobreza, el desempleo estructural y la inequidad (Mingo *et al*., 2006; Reta & Toller, 2006; Reta, Toler, & Bardelli, 2007; Reta, Rossi & Toler, 2008). Otras características de la ciudad de Concordia que dan cuenta de su particularidad son: ciudad intermedia —de 50 mil a 1 millón de habitantes—, ciudades que articulan el territorio, binucleares —Concordia y Salto—, concentración de equipamientos y recursos en la planta urbana, cinturón de villas en periferia y zonas inundables, importancia de la represa Salto Grande. (Mingo de Bevilacqua *et al*., 2006: 78-79; País Andrade, 2010).

A pesar del crecimiento económico sostenido del país en términos macroeconómicos —posterior a la crisis de 2001—, se pueden apreciar zonas que aún persisten en condiciones de extrema pobreza, el barrio que analizamos en el presente trabajo es un ejemplo de ello. Dicho barrio se encuentra en la periferia de la ciudad, en la zona noroeste, el mismo comenzó a habitarse hace aproximadamente cuarenta años por cinco familias que se instalaron allí, luego con la creación en las cercanías del basurero municipal del Campo del Abasto —se le denomina de dicha forma a un basurero a cielo abierto, en el que se depositan los residuos sólidos de la ciudad de Concordia—, se generó su mayor crecimiento. En el barrio también se ubica una planta de residuos patológicos.

Las casas son predominantemente de madera, y los servicios de luz eléctrica y agua potable son recientes. El hecho de encontrarse en las cercanías del Campo del Abasto y que la gente trabaje predominantemente en la recolección y clasificación de residuos, hace que la mayoría de la gente externa al barrio afirme una y otra vez que *viven en la basura*. En los periódicos locales, cuando se muestran imágenes del barrio, se muestra predominantemente la basura, los criaderos de chanchos, los caballos, las casas construidas con madera, las aguas servidas, los caminos irregulares y el barro.

En la actualidad la mayoría de sus habitantes trabaja como *ciruja*, *cosecheros* y *construyendo ladrillos*, todos trabajos informales y de escasa remuneración. Un trabajador estatal nos narra en una de las entrevistas que el barrio El Silencio *se puso de moda como barrio carenciado*. Respecto a ello, estas eran sus palabras textuales:

> …Lo caminaba la CAFESG[33] los lunes, los martes el Ministerio de Desarrollo Social, los miércoles otros, los jueves la Iglesia Evangélica, los viernes iban los voluntarios, los sábados coexistían… de pasar de no conocer la plaza 25[34] y de enterrar los muertos en un pozo, pasaron a ser la vidriera de la pobreza…

En distintos encuentros con personas de la ciudad de Concordia en el marco del trabajo de campo de investigación, estas manifiestan que el barrio El Silencio, es el barrio *más pobre*. Con esto no queremos decir que no existan otros barrios pobres, o que El Silencio sea necesariamente el más pobre -según los estándares comúnmente usados para la medición de la pobreza por los organismos oficiales como el Instituto Nacional de Estadísticas y Censos (INDEC)-, sino que esto es vivido así por diferentes personas que habitan la ciudad de Concordia, de ahí el interés que nos provocó trabajar en dicho barrio.

---

[33] Comisión Administradora para el Fondo Especial de Salto Grande, según menciona en su página web: *"Es la encargada de administrar el fondo formado por los aportes provenientes del excedente derivado de la explotación del Complejo Hidroeléctrico de Salto Grande"*

[34] La Plaza 25 de Mayo es la plaza principal de la ciudad de Concordia.

La pobreza

Las reformas neoliberales[35] —iniciadas en la dictadura militar y profundizada en los años 90 de la mano del menemismo[36]— modificaron la relación Estado y sociedad civil. Enfocada específicamente en lo que refiere a las *políticas sociales*, la amplia literatura que trabaja el tema plantea que se gestó un paso de una relación en la que el Estado tenía el monopolio de las distintas intervenciones sociales, el denominado "estado de bienestar", a una suerte de "welfare mix", en el cual el estado nacional no es el único proveedor de dichas políticas sino que entran en la escena un conjunto de organizaciones sociales denominadas *organizaciones no gubernamentales, tercer sector* y las *fundaciones* (Bustelo, 2000: 258; Cardarelli y Rosenfeld, 2008: 27-28).

Esta relación a su vez se da en el marco en el que *las organizaciones internacionales de crédito* —Banco Mundial, Programa de las Naciones Unidas para el Desarrollo— poseen mayor presencia en la definición de las políticas sociales del país. Podemos ver que en este período se transformó y consolidó un campo de intervención sobre la *pobreza*. Ya que como indican diferentes autores, se gestó un paso en el que se centraban las políticas de protección social con eje en los

---

[35] Entendemos al neoliberalismo, desde la perspectiva de Harvey (2007) y Morresi (2007).

[36] Menemismo es como se le denomina habitualmente al período que comprende los años 1989-1999, período bajo el cual la presidencia de la nación fue ocupada por Carlos Saúl Menem, miembro del Partido Justicialista, fundado por Juan Domingo Perón. Dicho presidente poseía una ideología neoliberal, proceso que se gestó de diferentes formas en toda América Latina.

trabajadores formales, hacia las políticas destinadas a la pobreza (Merklen, 2010), en ese marco "la lucha contra la pobreza" fue el lema-objetivo. El campo de intervención sobre los denominados *pobres*, se configuró en distintas relaciones entre: los organismos financieros internacionales de crédito, los estados en sus distintos niveles (nacionales, provinciales y municipales) y organizaciones no gubernamentales. En este marco se alega también que deben ser los mismos *pobres* quienes se movilicen para superar sus condiciones adversas, esto se logra de diferentes maneras, entre las que sobresalen: construir capital social, empoderar a la población, y la gestión participativa.

Estas relaciones al interior del campo de la intervención que se gestaron y consolidaron en los años noventa, no solo permanecen en las políticas sociales posteriores, sino que se han profundizado, dado que prácticamente no existen políticas sociales que se implementen en *el territorio* —principio central en las políticas actuales— que no invoquen la presencia de estos diferentes sectores —organismos internacionales, estado, organizaciones de la sociedad civil—. En relación con esto podemos observar en nuestro caso la existencia de organizaciones que han nacido /transformado/ institucionalizado, especialmente para poder canalizar los fondos del Estado y las organizaciones internacionales.

Es importante remarcar que existen pocos trabajos que se encuentren por fuera de lo que podemos denominar el paradigma —haciendo una interpretación libre de la noción de Thomas Kuhn— que imponen los organismos internacionales en lo que se refiere a los conceptos con los cuales pensar estas situaciones —el Banco Mundial es denominado el Banco del Conocimiento—, es decir, investigaciones que intenten eludir concepciones etnocéntricas y economicistas. Creemos que en nuestro país —Argentina— predominantemente son Murillo y Álvarez Leguizamón, quienes sí trabajan este tipo de fenómenos desde otra visión, una visión crítica.

La pobreza es un tema de vigencia y ha sido problematizado por distintas tradiciones de pensamiento de la ciencia social latinoamericana, las autoras seleccionadas desarrollan una perspectiva que cuestiona las conceptualizaciones hegemónicas con las cuales se define y mide la pobreza, las cuales son usualmente utilizadas en el campo científico y en las instituciones estatales como el Instituto Nacional de Estadísticas y Censos (INDEC).

Álvarez Leguizamón (2008) retoma las diferentes perspectivas que explican la "pobreza masiva" (2008: 79), la cual entiende como producto de procesos históricos y estructurales, dejando de lado factores subjetivos y contingentes (2008: 80). La autora realiza un análisis del campo científico remitiéndose a distintas discusiones y haciendo énfasis en el pensamiento latinoamericano. Así va a hablar de distintas explicaciones que se dan del fenómeno de la pobreza, en las cuales dicho fenómeno sería fruto de: el Subdesarrollo, la Dependencia, el Crecimiento Demográfico, la Pobreza Urbana. Luego centra su análisis en las "Nuevas Pobrezas" del período neoliberal, desarrollando una crítica a los distintos conceptos utilizados en este período: "necesidades básicas insatisfechas", "línea de ingreso", "pobreza estructural", "nuevos pobres", "clases medias en transición", "grupos empobrecidos", "vulnerabilidad", "exclusión".[37]

---

[37] La misma autora coordina junto a otros autores un "Glosario Internacional" de términos vinculados a la pobreza (Spicker, P. *et al.*, 2009) que es interesante por la

Susana Murillo (2008) analiza en el período neoliberal las transformaciones discursivas que se han gestado en este período histórico, para eso toma como objeto de estudio los documentos el Banco Mundial. Retoma los debates vinculados al "nuevo paradigma socio-técnico", y analiza cómo las denominadas por ella "tecnologías blandas" del "Buen Gobierno", basadas en las ciencias sociales, han renovado su "arsenal conceptual" (2008: 60) buscando "re-significar la historia, la política y el sujeto". Esto ha llevado a la aceptación de la pobreza no solo como inevitable sino como necesaria en el nuevo momento histórico.

Estas intelectuales realizan una desnaturalización de las categorías con las que frecuentemente pensamos el fenómeno de la pobreza y la desigualdad, categorías y conceptos que se han producido en la segunda mitad del siglo XX. Dichas categorías son fruto de una articulación entre organismos financieros internacionales, Estados, e intelectuales al servicio de los mismos. Categorías que se encuentran difundidas en publicaciones, congresos y centros de formación, las cuales se aceptan como naturales.

Las ayudas: cómo es el otro y quién lo ayuda

Para avanzar en la respuesta a la interrogante central utilizamos una metodología cualitativa de investigación, basándonos en observaciones participantes en distintas instancias de implementación de políticas sociales estatales, entrevistas abiertas a las personas que se acercan al barrio a *ayudar* —diferentes organizaciones no gubernamentales, iglesias— y personas que *trabajan* en dependencias estatales -

---

confluencia de distintas perspectivas y la riqueza del análisis de más de 100 palabras vinculadas a la pobreza.

Centro Integrador Comunitario, Escuela, Centro de Referencia (Ministerio de Desarrollo Social de la Nación)- y trabajos con diarios locales.

El objetivo es construir una perspectiva que dé cuenta de cómo es visto/construido el barrio y sus habitantes por estas personas. En función del recorte que realizamos en el presente trabajo, no tomamos a los destinatarios de dichas ayudas, pero con ello no queremos decir que dichas personas acepten de manera pasiva estas construcciones.

Los que ayudan

En el barrio, la legitimidad de la ayuda: *quién, cómo y con qué* se ayuda es profundamente disputada por los diferentes actores sociales. *No puede venir cualquiera a meterse en el barrio*, nos decía una vecina de El Silencio.

Todas las personas con las que dialogamos en el marco de la investigación reivindican su trabajo y cuestionan, ponen en duda o directamente niegan el trabajo llevado adelante por otros, los fundamentos de estas actitudes son diversos: estar movidos por intereses partidarios, entregar cosas de mala calidad, realizar un trabajo asistencial, hacer negocios con la gente, mentirle a la gente, entre otros.

El grupo que ayuda a su vez tiene diferentes distinciones que son importantes retomar, la primera refiere a quienes *son del barrio —nacidos y criados—* y quienes *vienen al barrio* desde afuera.

El hecho de *ser del barrio* es un capital que muestran quienes *ayudan desde adentro*, conocen las familias, sus historias, sus problemas y sobre todo han tenido las mismas necesidades. Ellos trabajan los 365 días del año, no se toman vacaciones y sobre todo no cobran por su trabajo.

Los que van a ayudar son los que trabajan en instituciones estatales y quienes desde organizaciones no gubernamentales trabajan en el barrio, pero esta última distinción no es tajante, dado que frecuentemente las personas forman parte de ambos espacios, o las organizaciones sociales que se encuentran presente reciben fondos de distintas instancias del Estado. A su vez las personas no hablan de instituciones u organizaciones sino de nombres de personas, o sea, individualizan las *ayudas*.

Los del barrio, a su vez, plantean que ellos no pueden ser *engañados*, dejando entrever que un agente externo sí puede ser engañado —*el médico, la visitadora social*—, porque ellos *conocen a las personas*.

Otra diferencia importante es que quienes ayudan desde adentro consideran a los habitantes, a sus vecinos, como *trabajadores*, que *trabajan todo el día*, los de afuera no. Refieren que la gente que va a trabajar lo hace por *unas pocas horas y de vez en cuando, están acostumbrados a que les den*, es casi un cliché en sus discursos.

Ambos grupos coinciden en que el barrio ha sido objeto de muchas ayudas, intervenciones y promesas, el ejemplo más claro es la cantidad de censos que se han hecho en el barrio por parte de distintas instituciones, y la espera de las 80 viviendas que fueron anunciadas en el año 2005 por el entonces presidente Néstor Kirchner, *estamos cansados de que nos censen todos los años*, me comentaba una mujer del barrio.

Otra mención importante de remarcar es cómo los distintos actores hacen referencia a sus organizaciones con la sobreutilización del pronombre posesivo *mi*, más allá de que las organizaciones sean organizaciones gubernamentales o no gubernamentales.

Los recursos y los espacios son disputados, y en la relación entre quienes ayudan desde adentro y los de afuera existen tensiones, encuentros y desencuentros. Es importante tener en cuenta esto a la hora de buscar los fundamentos del porqué de los fracasos de distintas políticas sociales que buscan implementarse de forma "multi-actoral", como frecuentemente se denominada en la jerga del Desarrollo Local, como por ejemplo el Centro Integrador Comunitario, el cual busca mediante la *Mesa de Gestión*, incorporar a los distintos actores para la puesta en acto de dicha política, desconociendo o negando las profundas diferencias, disputas y luchas que se dan la denominada *comunidad*.

También existen múltiples conflictos al interior del Estado, entre la nación, la provincia y los municipios, y al interior de cada uno de ellos, entre facciones o líneas políticas diferentes.

El otro

Es interesante ver cómo existen y coexisten diferentes interpretaciones sobre la situación en la que viven las personas, diferentes organizaciones y personas entienden que la situación de pobreza en la que viven los habitantes del barrio que tomamos como objeto de estudio, son de distinta índole: *cultural, moral, espiritual, mental*. Pero dichas explicaciones confluyen en el hecho de que son fruto de situaciones individuales, y en mayor o menor medida responsabilizan a la persona por su situación. En este marco, si bien distintos sectores de la ciudad se acercan a prestar *ayuda* o *trabajar por la gente / para la gente*, también estos sectores producen y reproducen un discurso legítimo, en tanto se encuentra fundamentado en su conocimiento de la gente y el lugar, y por su trabajo *desinteresado* por "el otro", basado en la perspectiva de los derechos, religiosa o político partidaria, que en muchos casos justifica la situación en la que se encuentra dicha población. El hecho de ver y constatar el conjunto de *ayudas* que se realizan, *las políticas* que se implementan, reafirma dicho discurso.

Ellos son los responsables de vivir como viven, la pobreza como una producción social y como fruto de la organización social, se desdibuja en este tipo de situaciones donde lo que predomina son explicaciones individuales, ninguna de dichas explicaciones incluye las relaciones estructurales de desigualdad en la que se encuentra la población.

A su vez, se manifiesta que más allá de las características que poseen los habitantes del barrio —individuales— se les suma el hecho de que tienen *ayudas del Estado*, es decir que se contrasta con períodos previos en los que no había nada —se pone como punto de inflexión el *Plan Jefes y Jefas de Hogar*[38]—, esta denominada *ayuda* por los distintos actores, lo que logra en este contexto es responsabilizar doblemente a las personas por su situación, dado que ninguno de los actores piensa que los fondos que reciben son insuficientes o se hace énfasis en la escasa

---

[38] El "Plan Jefes y Jefas de Hogar Desocupados" se implementó en el año 2002, en un intento del entonces presidente Eduardo Duhalde de dar una respuesta a la crisis de 2001, contó con el apoyo de la Iglesia Católica y el Programa de las Naciones Unidas para el Desarrollo (PNUD). Para un análisis de dicho plan ver Golbert (2004). Con posterioridad se gestó un paso de dicho plan al "Programa Familias", el cual estaba a cargo del Ministerio de Desarrollo Social de la Nación; finalmente dicho programa dio paso a la Asignación Universal por Hijo.

protección al asalariado, sino que se pone el eje en que tienen ayuda y en la mayor de las partes que no hacen un buen uso de la misma: *tiran la ropa que se les da; le dan de comer a los animales con la comida del comedor; no participan de las reuniones del CIC; , no llevan los niños al médico; no traen los chicos a la escuela;... les dan de todo, camas, colchones, chapas, hasta microondas...y los venden por nada.* Son distintas cosas que dicen los actores. Sumado a esto se les reprocha que vivan en terrenos privados, *usurpados*, y sobre todo que *tienen muchos hijos*. Todos, los de adentro y los de afuera, plantean y construyen a la población como *problemática*.

A modo de reflexión

Nos pareció interesante ver cómo se construyen los denominados *pobres* de la ciudad de Concordia, tomamos el caso del barrio El Silencio, y cómo los distintos actores que ayudan a los habitantes de dicho barrio, los nombran y construyen un discurso sobre sus características, sus vidas, sus problemas y realizan distintas acciones para intervenir en ella. Nos parece importante relevar el discurso que estos distintos actores producen y cómo el mismo construye sentidos, impone percepciones del mundo, y sobre todo construyen un consenso, que en la situación analizada justifica el lugar de subordinación de la población para con el resto de la ciudad, naturalizando relaciones de desigualdad. Es importante también remarcar cómo el hecho de que en la actualidad existan distintas políticas (predominantemente *la Asignación Universal por*

Hijo[39] y las *Pensiones no Contributivas*[40]) y distintas intervenciones de organizaciones no gubernamentales genera predominantemente la idea de que ya poseen *ayuda* del Estado y de la sociedad civil, ayuda que a su vez deslegitima otro tipo de pedidos y reivindicaciones de derechos, y sobre todo opera deslegitimando a la población por ser receptora permanente de las políticas de asistencia. *Venden lo que les dan; tiran la ropa que les regalan; se gastan la plata de las asignaciones*; *están acostumbrados a que les den;* son frases que repiten gran parte de los entrevistados, frases que expresan una forma de ver a los habitantes del barrio que afirman de que *ayuda tienen*, pero no saben aprovechar la misma o no pueden por distintos problemas (educativos, culturales, de información, y hasta biológicos). Retomamos nuevamente la idea de que el problema permanece en el ámbito de lo individual, y se responsabiliza a la población por su situación. Lo que nos interesa es ver en este contexto la producción y la reproducción

---

[39] Beneficio que consistía en el año 2012 en 270 pesos argentinos, aproximadamente 55 dólares estadounidenses, lo gestiona la Administración Nacional de Seguridad Social (ANSES), según la página oficial de dicho organismo: Es un beneficio que le corresponde a los hijos de las personas desocupadas, que trabajan en el mercado informal o que ganan menos del salario mínimo, vital y móvil. Consiste en el pago mensual de $340 para niños menores de 18 años y de $1200 para chicos discapacitados sin límite de edad. Fue implementado a partir del 1 de noviembre de 2009 por medio del decreto Nro. 1602/09 del Poder Ejecutivo Nacional, firmado por la presidenta Cristina Fernández de Kirchner. La asignación tuvo diferentes propuestas que se remontan a la década de los noventa. En el momento de la implementación de la misma, diferentes partidos de la oposición y la Iglesia Católica Argentina, pregonaban por políticas similares.

Para un detalle de la mismas ver: http://www.anses.gob.ar/destacados/asignaciln-universal-por-hijo-1

[40] Son pensiones que no requieren de aportes para su otorgamiento, y son implementadas a través del Ministerio de Desarrollo Social de la Nación; consisten en la entrega de montos de dinero a las *personas y familias en situación de vulnerabilidad social*, existen tres tipos: las "Pensiones a la vejez", "Por invalidez" y a "Madres de 7 o más hijos". Los montos oscilan los mil pesos argentinos.

del discurso de la población que va a ayudar a *los más pobres entre los pobres* —como se narra en un texto en un diario local—.

Creemos que esta construcción si bien reconoce la existencia del problema de la pobreza, se construye un proceso de visibilización de dicha situación, pero se la desvincula de los procesos sociales de producción de la misma, se la naturaliza, se la despolitiza y las distintas intervenciones asistenciales, las cuales poseen las características de ser insuficientes, más que restituir derechos como se le denomina habitualmente en el discurso oficial, por sus características de focalizadas, estigmatizan a la población.

Esperamos con el presente trabajo motivar a pensar las transformaciones de la ciudad de Concordia, del paso de la "capital del citrus" de la Argentina a la "capital de la pobreza", no como un fenómeno individual sino producto de los numerosos factores económicos y políticos del capitalismo de inicios del siglo XXI.

Bibliografía

ÁLVAREZ LEGUIZAMÓN, S. (2008). "La producción de pobreza masiva y su persistencia en el pensamiento social latinoamericano". En: A. Cimadamore, & A. D. Cattani, *Producción de pobreza y desigualdad en América Latina*, pp. 79-122. Bogotá: CLACSO. CROP. Siglo del Hombre Editores.

BUSTELO, E. (2000). "El Abrazo: Apuntes sobre las Relaciones entre el Estado y O.N.G." En: E. Bustelo, *De otra manera. Ensayos sobre Política Social y Equidad*, pp. 255-273. Rosario: Homo Sapiens Ediciones.

CARDARELLI, G. & ROSENFELD, M. (2008). "Con las mejores intenciones. Acerca de la relación entre el Estado pedagógico y los agentes sociales". En: S. Duschatzky, *Tutelados y asistidos*, pp. 23-67, Buenos Aires: Paidós.

DEL PRADO, L. (2013). "Críticas al "desarrollo" y pistas para inventar el "postdesarrollo" en el pensamiento de Arturo Escobar". *Revista Regional de Trabajo Social* (58), 60-71.

ESCOBAR, A. (2007). *La invención del tercer mundo. Construcción y deconstrucción del desarrollo.* Caracas: Fundación Editorial El perro y la rana.

GUDYNAS, E. (2010). "Las nuevas intersecciones entre pobreza y desarrollo: tensiones y contradicciones de la sociedad civil y los gobiernos progresistas". *Surmanía* (4), 92-111.

GUDYNAS, E., GUEVARA, R., & ROQUE, F. (2008). *Heterodoxos. Tensiones y posibilidades de las políticas sociales en los gobiernos progresistas de América del Sur.* Montevideo: CLAES.

HARVEY, D. (2007). *Breve Historia del Neoliberalismo.* Madrid: Akal.

MERKLEN, D. (2010). "Una alquimia al revés o cómo convertir trabajadores en pobres". En: D. Merklen, *Pobres Ciudadanos. Las clases populares en la era democrática (Argentina 1983-2003)*, pp. 115-144. Buenos Aires: Gorla.

MINGO DE BEVILACQUA, G., SARROT, E., BITAR, M., GONZÁLEZ ALARCÓN, A., SIONE, C. & ROMERO, G. (2006). "Dimensiones de la pobreza en Paraná y Concordia. Un estudio comparativo". *Ciencia, Docencia y Tecnología , 33*, 67-110.

MINGO, G., SARROT, E., GONZÁLEZ ALARCÓN, A., ZAPOLSKY, S., BITAR, M., SIONE, C. y otros. (2006). *Pobreza urbana: discursos y sujetos*. Buenos Aires: Espacio.

MORRESI, S. (2007). "¿Más allá del neoliberalismo? Estado y neoliberalismo en los años noventa". En: E. Rinesi, G. Nardacchione, & G. Vommaro, *Las lentes de Víctor Hugo. Transformaciones políticas y desafíos teóricos en la Argentina reciente*, pp. 117-150. Buenos Aires: UNGS. Prometeo.

MURILLO, S. (2008). "Producción de pobreza y construcción e subjetividad". En A. Cimadamore, & A. D. Cattani, *Producción de pobreza y desigualdad en América Latina* (pp. 41-77). Colombia: CLACSO. CROP. Siglo del Hombre Editores.

PAÍS ANDRADE, M. (2010). Espacios fronterizos e identidades. Tensiones y estrategias político-culturales en la ciudad de Concordia. *Runa*, 175-190.

RAHNEMA, M. (1996). Pobreza. En W. Sachs, *Diccionario del Desarrollo. Una guía del conocimiento como poder* (pp. 251-276). Perú: Proyecto Andino de Tecnologías Campesinas.

RETA, M., & TOLLER, S. (2006). "Desempleo Oculto. Su medición y representatividad". *Ciencia, Docencia y Tecnología* (32), 131-150.

RETA, M., ROSSI, G., & TOLER, S. M. (2008). *Evaluación de las políticas alimentarias. Consideraciones metodológicas a partir del caso de la ciudad de Concordia.* Concepción del Uruguay: EDUNER.

SAID, E. (2010). *Orientalismo.* Barcelona: Debolsillo.

SPICKER, P., ÁLVAREZ LEGUIZAMÓN, S. & GORDON, D. (2009). *Pobreza: Un glosario internacional.* Buenos Aires: CLACSO.

El nuevo corporativismo de las Organizaciones No Gubernamentales en Ciudad Juárez

Nemesio Castillo Viveros

Las Organizaciones No Gubernamentales, ahora Asociaciones de la Sociedad Civil, hoy, en los tiempos del mero altruismo han dejado paso a grandes estructuras que combinan la presión política con la captación de cuantiosos recursos económicos. Las organizaciones no gubernamentales han crecido de manera impresionante en México y en el Mundo en la última década, gracias a los financiamientos de empresas privadas y a los fondos públicos, hasta convertirse en un potente movimiento capaz de incidir en la política nacional e internacional; sin embargo, se habla mucho de su papel humanitario, pero poco de su nuevo perfil empresarial, su democracia interna y su eficacia.

Nos encontramos ante una problemática de un nuevo corporativismo en donde las organizaciones ya no son encargadas de exigir y vigilar a los gobiernos el cumplimiento de los derechos humanos, sociales, culturales y económicos, ahora el gobierno les exige rendición de cuentas y rendición de resultados con los recursos que él les proporciona y los privados; sin embargo, no cuentan con los recursos económicos ni con el personal capacitado suficiente para resolver los problemas que aquejan a Ciudad Juárez. Considero que su función como sociedad civil no es hacerse cargo del problema, sino exigir su solución.

No se tiene un dato del número total de ONGs en Ciudad Juárez. Sin embargo, cuanto más prestigio tiene la organización, más poder de captación de ayudas y socios, y más capacidad para incidir en la esfera pública.

Dentro de la composición de las organizaciones parece que existen síntomas del pragmatismo empresarial buscando el marketing y la publicidad para allegarse a más recursos públicos y privados, y además, como instrumentos para obtener mayor aceptación social. Por una razón esencial, todas "compiten" por los fondos privados y públicos.

En Ciudad Juárez después de 1993 se comenzaron a crear organizaciones específicamente para la prevención de la violencia, y esto produjo una cierta competencia entre las organizaciones. En una de las entrevistas se señala que existe un crecimiento más o menos regular de organizaciones que comenzaron a trabajar con el tema.[41]

> Después de los crímenes contra las mujeres empezaron a surgir muchas organizaciones que atienden los problemas de la mujer en Ciudad Juárez, y no solo en Juárez, incluso en el DF puedes encontrar organizaciones que supuestamente están trabajando con problemas de las mujeres que han sido asesinadas en Ciudad Juárez, yo tengo una amiga que, cuando estuvo en el DF entró a trabajar en una asociación que atendía los asesinatos contra de las mujeres en CJ, pero luego cuando ella escuchaba los argumentos de lo que estaba sucediendo en Ciudad Juárez, y como las ideas de ella siendo de Juárez no coincidían con las ideas de la gente del DF la empezaban a excluir porque no coincidía con las ideas de la organización".[42]

---

[41] Para los fines de la investigación las entrevistas son de carácter anónimo.

[42] Entrevista realizada a Fernán.

Los recursos públicos y privados posibilitaron el surgimiento de las ONG a partir de los años ochenta; hoy algunas organizaciones han terminado por convertirse en auténticas empresas de servicio que suministran ayuda humanitaria o atención social, sin tener formas de rendición de cuentas.

El sistema de rendición de cuentas según un entrevistado "está contemplado dentro de la ley estatal de fortalecimiento a las organizaciones de la sociedad civil, creo que son varias cosas, primero, si existe una necesidad de que las organizaciones ganen la confianza pública, y una manera de ganarse la confianza pública es tener esa rendición de cuentas, creo que las organizaciones que rinden cuentas están fiscalizadas por Hacienda, al estar constituidas legalmente, pagas tus servicios, pagas tus impuestos, tienen enunciado públicamente tu objetivo social, creo que falta un pequeño detalle que es la cultura de la rendición de cuentas dentro del sector de las sociedad civil, pero tampoco es gratis porque realmente ningún proyecto, ninguna fundación, te da recursos para poder pagar tu auditoría y pagar tu informe anual".[43]

Otro entrevistado nos comenta que habría que ver para qué o para quién se hace el *accountability* o la rendición de cuentas.

> En la organización pedimos en tres proyectos dinero para tres computadoras y compramos una y a las fundaciones le enseñamos la misma. En fin tiene su razón de ser, por ejemplo, quién te va a financiar para hacer los volantes para exigir que se ponga el

---

[43] Entrevista realizada a José Luís Méndez.

> pavimento, quién te va a dar dinero para pagar un camión que lleve a la gente algún lugar, quién te va a dar dinero para alguien que no puede sacar a su mamá del hospital. Entonces, quieres rendición de cuentas, menos voy a poder atender a las complejidades de la comunidad. Es que eso es lo difícil, cuando comienzas a hablar de una transparencia institucional, una institucionalización absoluta o una profesionalización, todo eso incluido, estás hablando casi de alejarte totalmente de la comunidad, o de plano dar un solo servicio a la comunidad, no puedes hacer las dos cosas juntas".[44]

La situación de la acción colectiva en Ciudad Juárez se encuentra ante un fenómeno de corporativismo en donde las organizaciones se alejaron de la función de exigir y vigilar a los gobiernos el cumplimiento de los derechos humanos, sociales, culturales y económicos de los habitantes ahora, el gobierno les exige rendición de cuentas y rendición de resultados, dado que las organizaciones no cuentan con el personal calificado para atender y prevenir los problemas de la violencia contra la mujer y tampoco cuentas con los recursos para resolverlo.

Un entrevistado nos comenta algunas de las características que ha sufrido el activismo social en Ciudad Juárez:

> Cuando entra el Partido de Acción Nacional (PAN) toma el poder en el gobierno en 1992, la manera en que se empieza a gestionar con el PAN es distinta a como se gestionaba con el PRI. Con el PRI literalmente te tenías que pelear, y además, la forma de activismo era diferente. Era una dinámica de confrontación para

---

[44] Entrevista realizada a Fernán.

gestionar los servicios con el PRI, y así se conseguían muchos recursos, cuando llega el PAN comienza a ser diferente, porque con el PAN ya no tienen que enfrentar esta base comunitaria Priísta, porque no la tienen, y de hecho el PAN genera varios procesos que permiten tomar algunas decisiones. No obstante, cuando el PAN llegó al poder los comités de vecinos y la participación ciudadana toman un realce tremendo. Cundo Francisco Barrio ganó en la gubernatura del Estado hubo muchos ciudadanos que estaban con el PAN, y que simplemente decían que querían dejar de lado las propuestas del PRI, entonces se generaron nuevas dinámicas de participación, por ejemplo, la negociación con la Organización Popular Independiente (OPI) ya no era una cuestión de que queremos esto, sino que iban al municipio y les decían qué necesitaban, cuál era su problema, entonces las dinámicas comenzaron a cambiar, ya los reclamos comenzaron a cambiar, incluso yo sospecho que sí tuvo una afectación seria en la forma en que estaban organizadas las comunidades. Porque era, sí, vamos a tener una solución pero vamos a sentarnos a platicar. No puedes platicar con todos, se buscaban quiénes eran los representantes". [45]

En Ciudad Juárez se está dando un fenómeno interesante que es un nuevo corporativismo; se comienzan a diseñar programas específicos de relación entre el gobierno y la sociedad civil, las relaciones entre ellos se ven cada vez más institucionalizadas. Una característica del Corporativismo es

---

[45] Entrevista realizada a Fernán.

ser considerado como sistema de representación "de intereses y/o actitudes, un particular arreglo institucional típico-ideal para vincular los intereses organizados en asociaciones de la sociedad civil con estructuras decisionales del Estado" (Schmitter, 1992: 17).

Un entrevistado nos comenta que el Corporativismo, no solo obedece a una escala local, él ubica el fenómeno en una "escala nacional y una escala global, a ese nivel. Va a llegar un momento en donde solo habrá dos tipos de organizaciones, las clandestinas que trabajan fuera de las normas institucionales internacionales y las institucionalizadas que se van a mover dentro de este mercado de recursos, van a estar certificadas y la certificación es algo no solo nacional" (Schmitter, 1992: 17).

En términos generales, se puede hablar de un proceso de participación ciudadana que ha dado lugar a la creación de una serie de mediaciones institucionales, mecanismos normativos de participación, canales de comunicación, lineamientos normativos, que actualmente constituyen un complejo y hasta cierto punto novedoso entramado de relaciones, espacios y mecanismos destinados a auspiciar la corporativización[46] de las organizaciones de la sociedad civil.

> Las organizaciones se están institucionalizando y probablemente están perdiendo esa capacidad de acomodarnos mejor como organización. Allí hay una

---

[46] "El corporativismo puede ser definido como un sistema de representación de intereses en el cual las unidades constitutivas se organizan en un limitado número de categorías singulares, compulsorias, no concurrentes, ordenadas jerárquicamente y diferenciadas funcionalmente, reconocidas y autorizadas por el Estado, y las que se le concede un explícito monopolio de la representación dentro de sus respectivas categorías a cambio de observar ciertos controles en la selección de sus líderes y en la articulación de sus demandas y apoyos" (Ocampo, 1992: 46).

cuestión bastante interesante: quienes formaron la Ley de Fomento de Promoción de las Organizaciones, es gente propia de las organizaciones. Y nuevamente las discusiones con organizaciones son que la ley los está perjudicando, nadie ha entendido bien cómo es esa Ley. Lo único que sabemos es que debemos tener el CLUNI, eso nos obliga a modificar nuestra Acta constitutiva, a cumplir con ciertos requisitos, o sea ya no estás siendo tan libre, ya no puedes reunirte como quieras, sino que ahora tienes que cumplir con ciertos requisitos.[47]

El fenómeno del Neocorporativismo se desarrolla en el país de manera muy constante; hoy en el gobierno "hay quienes te dicen cómo se puede financiar una organización y cómo tienen que desarrollarse las organizaciones y cómo deben trabajar las organizaciones, y en verdad son estándares internacionales, por ejemplo, la deducción de impuestos, eso es a nivel global, eso significa globalmente que tienes cierta capacidad y calidad. Otro es que tenga una planeación estratégica, que tenga una misión y visión. La manera en que te enseñan a buscar recursos, es que debes de tener tu misión y visión y aprendértela de memoria.[48]

En esta investigación utilizamos el concepto clave de neocorporativismo de Philippe Schmitter, que lo define de una manera muy apropiada al contexto local:

---

[47] Entrevista realizada a Fernán.

[48] Entrevista realizada a Fernán.

Se refiere a un arreglo político recientemente emergente; no a una nueva forma de administrar la economía, o de ordenar la sociedad entera. Se preocupa principalmente por las actividades de *asociaciones* permanentemente organizadas y especializadas; no unidades de producción (firmas, empresas, corporaciones), ni unidades de consumo (individuos, familias, cooperativas), y tampoco unidades de autoridad pública (agencias de Estado, ministerios, parlamentos, gobiernos locales). Estas asociaciones buscan promover o defender intereses a través de la influencia o la oposición a las decisiones colectivas. Y lo hacen mediando entre sus medios e interlocutores diversos (principalmente el Estado) […]. Cualquiera o todas las otras unidades mencionadas arriba de acción política puede tener un efecto significativo en la emergencia o viabilidad del neocorporativismo al apoyarlo, oponérsele o evitarlo, pero no son una parte integral de sus propiedades definitorias (Schmitter citado por Ocampo, 1992: 224).

Las consecuencias del neocorporativismo es que arreglos entre gobierno y organizaciones de la sociedad civil parecen tener un efecto significativo e independiente sobre las propiedades de las asociaciones de interés particular para el desarrollo de la democracia. Porque el neocorporativismo es una estrategia deliberada que beneficia a un minoría propietaria que disfruta de beneficios desiguales "y no un producto intencionado de una demanda mayoritaria por tratamiento más equitativo […]. El neocorporativismo es, por tanto, intrínsecamente no democrático, es una barrera mayor al logro de un sistema político más participativo, justo y responsivo" (Ocampo, 1992: 231).

El origen del neocorporativismo es un fenómeno relativamente reciente donde la intención de los grupos de personas u organizaciones dentro de un sistema político buscan reunirse de alguna manera más o menos formalizada para perseguir a través de la acción colectiva el logro de los intereses que se creen que tienen en común. Sin embargo, existen necesidades de algunos individuos que no pasan directamente por las organizaciones o las instituciones de gobierno.

El desarrollo de intermediarios permanentes, especializados y profesionales entre ciudadanos y Estado podría distorsionar el origen de las demandas y las necesidades.[49] "En lugar de solamente representar las preferencias de los miembros formadas de manera independiente, las asociaciones podrían convertirse en instituciones para inculcar y administrar los intereses de los miembros [...]. En vez de permanecer en su calidad de múltiples vehículos para la participación significativa, podrían convertirse en proveedores de servicios indispensables monopólicos" (Ocampo, 1992: 237).

El fenómeno en el cual nos encontramos es que las organizaciones están teniendo una representación monopólica de las necesidades y esto ha traído como consecuencia la competencia[50] de necesidades entre organizaciones y casi

---

[49] "El neocorporativismo tiene la potencialidad de alterar la relación de los miembros con sus asociaciones, y el rol de estas últimas dentro del ámbito oficial de la autoridad. En otras palabras, podría estar minando el círculo virtuoso entre asociabilidad y democracia" (Ocampo, 1992: 238).

[50] Con la lucha de competencias entre organizaciones se desarrolla y se altera la estructura del campo de la política, es decir, los mecanismos de

eliminado las necesidades individuales, así "ha reestructurado las condiciones de competencia entre asociaciones, aumentando el costo del ejercicio de la voz a través de canales alternos y cerrando la posibilidad de recurrir a la salida. Sin fácil acceso a otros canales de expresión de intereses, la opción efectiva entre organizaciones de competencia o una posibilidad razonable de crear organizaciones rivales, los ciudadanos individuales en los sistemas neocorporativistas pueden encontrarse privados de los recursos necesarios para hacer de sus representantes responsables, y asegurar que las políticas que diseñen responderán a sus preocupaciones (Ocampo, 1992,: 239). Esto no quiere decir que las prácticas de participación ciudadana y diseño de políticas neocorporativistas sean intrínsecamente antidemocráticas o no democráticas. Lo que puede estar constantemente desarrollándose podrían estar alterando la cualidad de la democracia. La esencia de la organización ha cambiado sus reglas de decisión y normas procesuales.

Bibliografía

C. SCHMITTER, PHELIPPE. "¿Continúa el siglo del corporativismo?", En: *Neocorporativismo I, Más allá del Estado y el Mercado*, México: Alianza editorial, 1992, pp. 15-67.

OCAMPO ALCÁNTAR, RIGOBERTO (coompilador). *Teoría del neocorporativismo. Ensayos de Philippe Schmitter*, México: Universidad de Guadalajara, México, 1992.

---

decisión varían por la captación de las organizaciones por el gobierno, ya con recursos económicos o con mecanismos legales.

SCHMIDT, SAMUEL. "Un programa para el futuro", en *Metapolítica*, México, Núm. 48, Vol. 10, julio-agosto, 2006, pp. 56-61.

Propuesta de un enfoque del Trabajo Social basado en la articulación con los Servicios Sociales. Apuntes desde el escenario cubano

Addiel Pérez Díaz

Después de la segunda Guerra Mundial, con la crisis económica de 1929 a 1933 y la presión del movimiento obrero de la época[51]es que surge el interés del Estado por proveer de bienestar a la población para mantener el orden capitalista socialmente existente. En los años de posguerra se plantearon necesidades de integración social, lo que hace necesario la intervención del Estado y a esto se sumaron toda una serie de factores políticos y económicos[52] que dieron paso a la consolidación del denominado Estado de Bienestar. Este se presenta con dos objetivos fundamentales: por un lado, garantizar un continuo crecimiento económico a través de potenciar el incremento del consumo, y por otro, establecer

---

[51]Primeras medidas del New Deal, donde se destacan diversas campañas con vistas a una intervención gubernamental. Estas nuevas políticas diseñan medidas de intervención del Estado en la economía y propuestas de asistencia social. En Suecia, en 1832 se establece un acuerdo entre patronal y trabajadores que promulgan obtención de beneficios por parte de la empresa para estos últimos. El Estado debe contribuir a la regulación y participación de las actividades. En 1936 John Maynard Keynes publica su *Teoría general del interés, la ocupación y el dinero*, que proporcionaba la justificación teórica para la intervención del gobierno. Sumándose, además, los movimientos obreros de los años cuarenta.

[52] Factores Políticos: unificación europea, distensión internacional. protección defensiva de EU, reducción de gastos militares en Europa. Factores Económicos: reconstrucción de Europa, generación de nuevos mercados, créditos norteamericanos favorables. Factores coyunturales para conseguir el desarrollo o crecimiento económico y social. Políticas redistribuidas y aumento del gasto político y social.

una garantía de mínimos de protección social a toda la población.

Sus orígenes fueron ideológicos y su devenir no fue igual en todos los países, aunque el Estado de Bienestar es fruto de ideas políticas distintas, coincide en cuanto a la igualdad de oportunidades, garantía de mínimas oportunidades de vida, rechazo de desigualdades y necesidades de reciprocidad. Es el proyecto de modelo de sociedad que constituye el punto programático de muchos partidos políticos e ideologías actuales y su premisa es que el Estado debe ejecutar determinadas políticas sociales que garanticen y aseguren el "bienestar" de los ciudadanos en determinados marcos como el de la sanidad, la educación y, en general, todo el espectro posible de seguridad social. Estos programas gubernamentales, financiados con los presupuestos estatales, deben tener un carácter gratuito, en tanto que son posibles gracias a fondos procedentes del erario público, sufragado a partir de las imposiciones fiscales con que el Estado grava a los propios ciudadanos.

El Estado de Bienestar no hace si no generar un proceso de redistribución de la riqueza pues, en principio, las clases inferiores de una sociedad son las más beneficiadas por una cobertura social que no podría alcanzar con sus propios ingresos. Se cambia la concepción del Estado como el que garantiza el orden o la defensa del terreno por el de elemento distribuidor de riquezas a través de mecanismos protectores de sectores favorecidos para facilitar su acceso a las rentas.

En este tipo de Estado es garantía del gobierno asegurar niveles mínimos de renta, alimentación, instrucción, alojamiento, entendidos como derechos sociales y no como caridad. En este sentido se hace necesario un sistema de seguridad social que salvaguarde al hombre de contingencias económicas como el desempleo, los accidentes, las enfermedades, etc., y que no solo era cuestión de actores individuales, sino que debía tener como principal actor social al Estado (Bridge, 1944: 158), o sea el reconocimiento y la responsabilidad del mismo en la protección de los ciudadanos. Es con el surgimiento del Estado de Bienestar que aparecen los Servicios Sociales como instrumento al servicio de las Políticas Sociales.

Las Políticas Sociales y los Servicios Sociales están estrechamente vinculados dado que ambos son acciones destinadas a proveer de bienestar a la población. Las primeras establecen el conjunto de objetivos y medidas dirigidas a mejorar la calidad de vida y el bienestar de la población, así como las vías para alcanzar este bienestar, abarcando todas las esferas de la vida: lo económico (distribución de riquezas), lo político (acceso al poder), lo cultural (acceso a la educación, centros culturales, medios de difusión) y lo social (relaciones humanas). Son parte de las políticas que se trazan los gobiernos para responder a las necesidades y demandas de la población y de esta forma mantener el sistema.

La segunda se refiere al conjunto de instituciones para la realización de acciones que en diferentes esferas sociales se llevan a cabo para satisfacer las necesidades de toda la sociedad o de una parte de ella. De acuerdo con los niveles y tipos de necesidad, se estructura un grupo de políticas dirigidas a la implementación de programas y servicios destinados a resolver problemas sociales, en sectores específicos de la sociedad o en grupos particulares que a partir del interés del Estado se jerarquizan y financian.

A tono con lo antes mencionado, Ezequiel Ander Egg (2003) expone tres principios que rigen a los Servicios Sociales en el marco de las Políticas Sociales.

- Los Servicios Sociales como expresión y desarrollo de los derechos sociales. Este enfoque tiene como finalidad mitigar la inseguridad y atenuar los conflictos sociales, pero la condición es no alterar la estructura básica de desigualdad propia del sistema.

- Como reductores de los desequilibrios sociales: no es más que el Estado del Bienestar como una necesidad funcional para la continuidad del sistema capitalista mediante un proceso ininterrumpido de adaptación a los cambios sociales que se van produciendo.

- El funcionalismo como marco teórico referencial del social work norteamericano y de los modelos de intervención social derivados del mismo: tiene como idea central considerar a la sociedad como un sistema, como un conjunto de partes relacionadas e interdependientes, de modo que si una parte se altera se alteran también las demás. Cada uno de los elementos desarrolla funciones concretas con el fin de la perpetuación del sistema y la integración de sus partes en el mismo.

En los tres enfoques se hace evidente el interés por mitigar los problemas sociales sin alterar el orden social existente, atenuando y fortaleciendo las desigualdades sociales inherentes al sistema capitalista, cuestiones que se contraponen con los principios de una sociedad que transita hacia la emancipación humana.

En este capítulo se repasan algunas definiciones contemporáneas realizadas alrededor del término de Servicios

Sociales, al mismo tiempo que se abordan algunos elementos necesarios para su comprensión y utilidad en el contexto de las sociedades que han tenido más desarrollo bajo este enfoque del bienestar. Por otra parte, se culmina con la relación entre los Servicios Sociales y el Trabajo Social a partir de una serie de apuntes e ideas sometidas a discusión en este sentido.

Conceptualizando el término Servicios Sociales

La expresión Servicios Sociales conserva connotaciones especiales debido a su carácter marcadamente polémico. Realizando una primera aproximación al concepto podemos ver su utilización desde dos perspectivas disímiles: en un primer caso, la podemos ver moviéndose en el ámbito político refiriéndose a un proyecto de cambio en el sistema de protección.[53] En el segundo caso está orientada al marco teórico jurídico, entendiéndose por ello un conjunto de actividades encaminadas a la consecución del bienestar y el desarrollo de los individuos y grupos en la comunidad.[54]

Unas de las visiones importantes en cuanto a las definiciones sobre Servicios Sociales es la manejada en el ámbito de las Comunidades Autónomas en España, la cual entiende como tal el conjunto de actuaciones que tienden a la prevención, eliminación de situaciones de necesidad, especialmente en caso de desempleo o situaciones que conduzcan a la

---

[53] Los Servicios Sociales son concebidos como dispositivos institucionales, de un proyecto político diseñado con el propósito de sustituir la beneficencia pública por el bienestar social. Se trata de pasar de la red de Beneficencia, de la red de Asistencia Social, y de la red de Seguridad Social a los Servicios Sociales.

[54] Desde una perspectiva jurídico-formal, la finalidad de los Servicios Sociales está orientada a promover el bienestar. Sin embargo, en este caso solo se alude a los servicios que se deben prestar a las personas de la tercera edad. Esta definición de Servicios Sociales toma como base el Artículo 50 de la Constitución Española.

marginación o inadaptación social, al tiempo de favorecer y garantizar el pleno y libre desarrollo de las personas y grupos dentro de la sociedad, promoviendo su participación en la vida cotidiana.

Bueno Abada (2004) plantea que por Servicios Sociales se entienden todos los organismos que tienen finalidad de aportar una ayuda y una asistencia personal directa a individuos, grupos y comunidades para favorecer su integración en la sociedad. Responde a un carácter institucional por su vinculación al derecho público.

El Sistema de los Servicios Sociales pretende cubrir los siguientes objetivos:

- Contribuir a la socialización y al desarrollo personal.
- Distribuir información de acceso a los distintos servicios de protección social, y de los correspondientes derechos sociales.
- Asegurar niveles básicos de atención social y ayuda para el mantenimiento de la convivencia comunitaria de los menores, minusválidos, personas mayores o incapacitadas.
- Organizar y gestionar equipamientos alternativos para la convivencia, destinados a personas que tengan deterioradas sus relaciones convivenciales.
- Facilitar ayuda y orientación.
- Recomendar y proponer cambios políticos, programas y planificación de servicios.

Estos objetivos son de amplio espectro, se pueden identificar como de intervención directa hacia los ciudadanos y también de organización y gestión de los propios Servicios Sociales, como de su relación con el resto de los sistemas de protección social, y con estructura institucional de la cual dependen. (Azcuy Aguilera, 2009)

Los Servicios Sociales están dirigidos con carácter integral y polivalente a todos los ciudadanos, como primer nivel de actuación, y con la finalidad de mejorar las condiciones sociales de individuos, familias y grupos. Se caracterizan, pues, por la gran diversidad de situaciones personales, familiares y sociales que se atienden, teniendo dentro de su campo de acción: la familia, la mujer, los adultos mayores, la juventud, la prevención de la delincuencia, entre otras.

En este sentido es que el sistema de los Servicios Sociales debe plantearse aspectos como: la provisión de acceso al servicio, la responsabilidad institucional, la visión integrada de sus posibles utilidades sociales, las orientaciones hacia las cuales se pretende objetivar la actuación de los Servicios Sociales, la coordinación e interrelación entre los distintos niveles de actuación del Sistema de los Servicios Sociales, la promoción de la ayuda mutua, la solidaridad y la utilización de la participación de los usuarios en el desarrollo del sistema.

Desde la perspectiva de la Administración Social, la profesora Carmen Alemán toma como base la Constitución de 1978, para definir los Servicios Sociales como un instrumento de la política social, de la que dispone tanto la sociedad como los poderes públicos para dar una respuesta válida a las necesidades de los individuos, grupos y comunidades, con vistas a alcanzar un mayor bienestar social y una mayor calidad de vida.

El *Diccionario Taxonómico* de 1887 es también una referencia reiterada por los diferentes autores que abordan el tema. Estos antes de definir el concepto enfatizan en la idea de que los servicios sociales deben estar orientados hacia:

1. La regulación estatal del servicio, lo cual determina su carácter público.

2. La necesidad de recursos técnicos e infraestructura propia.
3. La posibilidad de una gestión privada.

Teniendo en cuenta estos requisitos se define a los Servicios Sociales como un servicio público dispuesto para prevenir y atender las consecuencias de determinadas desigualdades sociales en los ciudadanos, o para facilitar la integración social mediante equipos técnicos y unidades administrativas, de gestión pública o privada. Domina, por tanto, la concepción de los Servicios Sociales como prestaciones técnicas que se ofertan colectivamente, pero aparece un nuevo elemento, el cual puede ser dispensado por unidades privadas.

En general, los Servicios Sociales presentan cuatro aspectos esenciales que de una u otra forma constituyen una generalidad en las definiciones anteriormente planteadas, por lo que podemos decir que en el análisis de estos debemos considerar que:

1. Son uno de los instrumentos que utilizan los Estados de Bienestar para materializar los derechos sociales.
2. Conjunto de actividades encaminadas a la consecución del bienestar y el desarrollo de los individuos, grupos o comunidades.
3. Es un dispositivo orientado a la satisfacción de las necesidades básicas.
4. Son prestaciones técnicas que se ofrecen colectivamente con el fin de reinsertar socialmente a personas marginadas.

Tomando en consideración las definiciones y aspectos antes mencionados, comprendemos los Servicios Sociales desde una perspectiva correspondiente con los principios de la Revolución cubana como: *acciones dirigidas a individuos, grupos y comunidades para satisfacer sus necesidades y proveer de bienestar resaltando los derechos sociales como expresión del desarrollo humano y social, viendo estos en correspondencia con las Políticas Sociales.*

En la organización de los Servicios Sociales, como plantea Bueno Abad (2003), resulta importante precisar los componentes estructurales que lo conforman. Los usuarios, el territorio, los procesos de intervención, las estrategias de participación y los profesionales y políticos. El reconocimiento de tales componentes resulta imprescindible para ejercer el proceso de planeación de los servicios, es decir, la construcción de guías racionales de actuación para la instrumentación de los Servicios Sociales. (Azcuy Aguilera, 2009)

Dentro del Sistema de los Servicios Sociales se establece que cualquier ciudadano puede y debe ser **usuario** de los Servicios Sociales, demostrando el carácter universal de dicho sistema. Se ha diferenciado a los usuarios según su cuantificación numérica (individuo, grupo, sociedad), pero toda actuación individual de los Servicios Sociales tiene una proyección en una dimensión colectiva y recíproca; toda intervención colectiva genera unas dimensiones individuales para dicho proceso de intervención. Es el actor principal del sistema de los Servicios Sociales. Algunos plantean que debe ser productor y no usuario.

El **Territorio** constituye otro de los componentes estructurales de los Servicios Sociales, ya que es allí donde se produce una situación social concreta. Representa el marco de actuación sobre el cual hay que intervenir de acuerdo con las características urbanísticas, culturales, medioambientales, entre otras. Se busca la descentralización para dar impulso al desarrollo local. Es conveniente, además, estudiar las infraestructuras sociales, sanitarias, de ocio, comerciales, de educación, asociaciones de iniciativa social de la zona.

Los **procesos de intervención**, se refieren al proceso de acción, la actuación concreta de los servicios sociales; es el proceso de máxima importancia para avanzar en el conocimiento y descripción de las posibilidades del sistema. Para realizar estos procesos de intervención es necesario tener en cuenta algunos pasos a seguir (Azcuy Aguilera, 2009):

1. Elaboración de criterios de selección y ordenación de las necesidades sociales. Hay que reconocerlas, diferenciarlas.
2. Reconocimiento de los recursos.
3. Reconocimiento de las propuestas de planificación en el proceso de intervención.
4. Realización concreta de los procesos de actuación y búsqueda de resultados.
5. Estrategias de evaluación y retroalimentación.

Estos procesos de intervención tienen distintas modalidades: Clarificación y apoyo, donde es importante la escucha, la observación y hacer preguntas pertinentes, brindando apoyo al usuario para fortalecer, disminuir la ansiedad y movilizar las fuerzas para lograr el cambio.

Información y Educación, utilizadas para conocer y responder a las necesidades de los usuarios, suponen el conocimiento de diversas facetas: legislación social, derechos de los usuarios, recursos sociales y posibles prestaciones.

Persuadir e influir, que se utilizan para ejercer influencias sobre los usuarios, se les aconseja con el objetivo de que organicen sus actividades, y se busca la confrontación del usuario con las consecuencias de sus actos.

Otra modalidad es la de controlar o ejercer autoridad que implica el ejercicio de la autoridad por parte de los profesionales. Las actividades de control son aquellas que tienen por objetivo disuadir las dificultades de comportamiento que imposibilitan procesos de normalización, es decir, de aceptar las normas sociales.

Intervenciones de concientización, encaminadas a desarrollar acciones concretas que pretenden la toma de conciencia de los factores que influyen en las situaciones sociales donde se hace necesario la implicación de los individuos y colectivos. Pretende descubrir y asumir una identidad colectiva que implica a todos.

Además de las de organización, cuyas acciones tienen un carácter instrumental para reconocer aquellas actividades que permiten la organización interna del trabajo profesional, y de movilización, estas conducen a que un número importante de individuos, con un mismo problema social, tomen parte de una acción común.

Otro de los componentes estructurales de los Servicios Sociales son las **estrategias de participación**, que deben propiciar espacios de autonomía de gestión para el funcionamiento de determinados servicios, la posibilidad de propiciar a los usuarios la capacidad de influir en la política de los servicios sociales. Es necesario darles las herramientas necesarias a las personas para que puedan participar y principalmente que se sientan motivados a participar.

El último componente se refiere a los **responsables de la intervención**, diferenciando las responsabilidades de los profesionales de las de los políticos.

Los profesionales se encuentran en la intersección de las condiciones sociales y de las prácticas de vida cotidiana de las poblaciones y del campo de orientaciones de acción desarrollada por los responsables políticos. En su ejercicio profesional están en la intersección de los aparatos administrativos, de las instituciones, y en el desarrollo de competencias profesionales asumidas desde las estructuras de profesionales de los otros sistemas de protección social. Los profesionales se encuentran más cerca de la población que los políticos elegidos por el pueblo, y en ocasiones tienen dificultad para disfrutar de algunas parcelas de delegación de autoridad por parte de políticos (Azcuy Aguilera, 2009).

Los Servicios Sociales cumplen cuatro funciones y pueden realizar su rol en forma paralela con otros servicios o separados de ellos, dado que pueden:

- **Prevenir** que se den las condiciones susceptibles de causar prejuicios o la invalidez.
- **Proteger** a aquellos cuya seguridad o bienestar peligren, como los ancianos, las mujeres maltratadas, los discapacitados o los niños que no reciben de sus padres los cuidados adecuados.
- **Rehabilitar** a quienes se han apartado de una vida social normal, como los alcohólicos.
- **Ayudar** a determinadas personas y comunidades a realizar sus capacidades en potencia, como los deficientes mentales.

Los Servicios Sociales como sistema responden a un definido carácter institucional, a la organización de las respuestas sociales necesarias ante el reconocimiento explícito de los derechos sociales de todos los miembros de la sociedad, que se van generalizando en la medida en que los Estados, como fieles representantes de sus intereses, organizan los recursos existentes en función de la satisfacción de las necesidades sociales.

El Sistema de Servicios Sociales define las necesidades de la siguiente forma (Bueno, 2004: 96):

❖ *Necesidades de Subsistencia*: Se refiere a la carencia de elementos esenciales como: comida, alojamiento, vestido, calzado y de ingreso.

- ❖ *Necesidad de Información*: Se refiere a la falta de conocimiento sobre los Servicios que se ofrecen y de los cuales pueden disfrutar.
- ❖ *Necesidad de Accesibilidad*: Es cuando los distintos colectivos de la sociedad tienen dificultades de acceso a los diferentes sistemas de protección social: sanitario, educativo, de vivienda.
- ❖ *Necesidades de Convivencia*: Es la necesidad de lograr una situación que desde la propia libertad personal, permita una comunicación y una relación compartida con las personas que conviven en un mismo núcleo convivencial.
- ❖ *Necesidades de Cooperación*: Se refiere a potenciar las funciones de cooperación y solidaridad entre los individuos generando relaciones de apoyo y fortaleciendo las relaciones de vencindad y amistad.
- ❖ *Necesidades de Participación*: La participación debe orientarse hacia tareas comunes, objetivos compartidos que deben ser asumidos y reconocidos como propios dentro de la colectividad.

Partiendo de la identificación de estas necesidades, los Servicios Sociales deben responder a ellas promoviendo estrategias de actuación donde el protagonismo recaiga en los propios implicados para estimular su capacidad de auto-organización y de desarrollo de propuestas. Es importante resaltar que cada sistema económico, social y político adopta diferentes estilos para la satisfacción de las necesidades humanas fundamentales.

En la Política Social de Cuba se asume que los servicios sociales[55] son prestaciones incluidas dentro de la acción

---

[55] Ver la pregunta 79 en el material publicado en el periódico *Granma* "80 Preguntas y respuestas sobre el anteproyecto de Nueva Ley de Seguridad Social".

protectora de la seguridad social, para mejorar las condiciones de vida de las personas, y están dirigidos fundamentalmente a personas con discapacidad, adultos mayores, niños con enfermedades con baja prevalencia, así como a otros grupos de la población que lo requieren.

En este sentido los Servicios Sociales tienden a establecerse como un derecho del ser humano, aunque su desarrollo es diferente en cada país, de acuerdo con las concepciones de orden político e ideológico con que se construyen las políticas sociales, cómo estas se orientan a la solución del sistema de las necesidades de los Servicios Sociales a partir de las infraestructuras existentes, así como el desarrollo económico social alcanzado. Están llamados a favorecer el desarrollo armónico de la vida en comunidad —entendido como la interconexión individuo, grupo, comunidad—, propiciando un nuevo marco de valores en el cual sea posible superar las barreras que puedan interponerse en la vida de la personas para su plena realización como individuos y como miembros de la colectividad.

Las concepciones respecto a los Servicios Sociales en nuestro país, están limitadas a acciones dirigidas a determinados grupos de la sociedad considerados como vulnerables o en desventaja social. Esto trae como consecuencia que se acentúen las diferencias sociales y entra en contradicción con el carácter universal de los Servicios Sociales que plantea que todas las personas son y deben ser usuarios de estos.

Otra de las características de los Servicios Sociales en Cuba es que se circunscriben en el marco de la Seguridad Social y la Asistencia Social. Así, ocupan un lugar importante dentro del Sistema de los Servicios Sociales pero no son los únicos, como ya hemos visto anteriormente; los Servicios Sociales son todos aquellos servicios, económicos, sanitarios, educacionales, etc., que se prestan en la comunidad y están encaminados a satisfacer las necesidades en función del bienestar social.

Bueno Abada (2003) plantea que las áreas de actuación de los Servicios Sociales están relacionadas con la familia, la mujer, la tercera edad, la juventud, los disminuidos, las drogodependencias, la prevención de la delincuencia, las emergencias sociales y la animación de la comunidad. Asimismo, reconociendo la integración de todo el sistema de los Servicios Sociales en una única estructura institucional.

En esta lógica también se estructuran los Servicios en Cuba, los cuales se organizan por programas que tienen como objetivo satisfacer las necesidades económicas y sociales que presentan estos grupos catalogados en desventaja social. Los programas son:

1. Programa Nacional de Servicios Sociales Comunitarios al Adulto Mayor.
2. Programa de Trabajo Social con Madres Solas.
3. Programa de Atención Social a menores en Desventaja Social.
4. Programa de Atención e Integración Social en la comunidad a las Personas con Discapacidad.
5. Programas de Atención a otros Grupos Vulnerables.

Es significativo reconocer estos programas como áreas de acción importantes dentro del Sistema de los Servicios Sociales a las cuales hay que prestar atención, pero no se pueden circunscribir única y exclusivamente a estos. Tampoco se pueden obviar los demás servicios que se ofrecen en otras áreas que también contribuyen a mejorar la calidad de vida de las personas, y que si no se perfeccionan provocan malestares e insatisfacciones en la población.

El trabajador social como gestor de las demandas sociales y su relación con los Servicios Sociales.

Para explicar la relación existente entre el Trabajo Social y los Servicios Sociales es necesario recordar que el **Trabajo Social** opera en el espacio de encuentro entre las necesidades sociales, las políticas y los Servicios Sociales que se le dan a estas necesidades.

Es la intervención organizada con vistas a modificar el medio social y mejorar las condiciones de vida que resultan negativas o perjudiciales para determinados grupos. Es una acción organizada, regulada e institucionalizada por el Estado y desarrollada por personas con una determinada preparación (Fleites, 2003: 98). Son las distintas formas de acción social vinculadas a la ayuda a los necesitados y a la formación de bienestar social.

El profesional de esta actividad está preparado para diagnosticar problemas sociales, colaborar en el diseño de las acciones y promover la participación de los individuos, grupos y comunidades. Asimismo, debe dirigir su atención profesional al servicio de la comunidad, ayudándola a incrementar sus propios recursos y capacidades; buscar el basamento teórico para que las instituciones actúen acorde con las necesidades de los sujetos demandantes; promover a través de la intervención cambios en los mecanismos de prensión y vías de solución de los problemas sociales que afectan a los individuos, familias e instituciones; así como elaborar modelos de prevención e intervención para sectores sociales de riesgo. Además de ser el encargado de dirigir, organizar y evaluar recursos y servicios.

La relación entre Trabajo Social y Servicios Sociales es un tema controvertido porque el hecho de que compartan objetivos y espacios ha supuesto, en muchas ocasiones, que se identifiquen y confundan, simplificándose así las especificidades de cada disciplina y obstruyendo la construcción del objeto y la identidad de ambas.

Algunos autores señalan al Trabajo Social y los Servicios Sociales como dos sistemas de intervención en la acción social; tal distinción resulta necesaria porque equiparar a ambos supone facilitar la asimilación del primero, hasta ahora no bien definido por parte del segundo.

De ese modo se pretende configurar un sistema de Servicios Sociales como campo exclusivo del trabajador social, simplificando y cerrando otros ámbitos propios del Trabajo Social y suprimiendo y empobreciendo también la perspectiva multi-profesional necesaria para los servicios sociales en sus distintos niveles (Zayas, 2009).

No obstante, debemos ir más allá de los efectos perversos que ha producido esta situación y subrayar que existen multitud de puntos de encuentro, una gran riqueza de aportaciones mutuas y una estrecha relación de interacción que alimenta las relaciones entre Servicios Sociales y Trabajo Social. Esta relación es de coparticipación y necesidad mutua, y así lo señala De la Red (1997: 94) cuando afirma que los Servicios Sociales son los medios de los que se sirve la administración y la sociedad para concretar la Política Social; la relación del Trabajo Social con esta disciplina se inserta en ese itinerario a nivel de concreción, pudiéndose considerar el Trabajo Social como colaborador en la traducción de la Política Social de las instituciones de la administración, en servicios sociales a los usuarios.

En este sentido, los Servicios Sociales son un sistema de actuación o campo operativo de diferentes actuaciones profesionales (psicólogos, sociólogos, educadores, economistas, enfermeros...) entre las que —en muchos casos— los métodos de Trabajo Social y el trabajador social deben desempeñar un papel central, si bien no excluyente. No obstante, el Trabajo Social no opera solamente en este campo, sino que a su vez interviene en otros diferentes como salud, educación, vivienda…, en los que su presencia y reconocimiento gozan de diferentes grados de consolidación según los países (Zayas, 2009).

Muchos autores afirman, también, que el sistema de servicios sociales ha contribuido de diferentes maneras al campo profesional del Trabajo Social, a saber: a la difusión de la profesión; a su reconocimiento oficial; al incremento de puestos de trabajo tanto en las administraciones públicas como últimamente en entidades colaboradoras; y en cierto sentido (especialmente con la implantación del nivel comunitario del sistema público), a la consolidación de la intervención comunitaria y de desarrollo local.

Las diferencias, sin embargo, son evidentes. Mientras el sistema de Servicios Sociales apunta a corregir los defectos del sistema manteniendo a amplios sectores de la población en una situación de inferioridad, el Trabajo Social pone el acento en evitar las injusticias. Por ello, no se debe confundir la gestión y tramitación de los recursos que la Administración dedica a unas necesidades preestablecidas —el sistema de Servicios Sociales— con la lucha contra la exclusión y la marginación que el Trabajo Social representa (Ariño, 1996).

La actividad del Trabajo Social puede ubicarse en mediar entre los programas básicos de los Servicios Sociales y las respuestas a las necesidades básicas de la población, como pueden ser acceder a los recursos, de convivir, de integrarse y de participar. Se establece así una relación ajustada entre necesidades y recursos.

Según García (1988), el Sistema de Servicios Sociales se pronuncia en la atención de necesidades sociales específicas donde los trabajadores pueden insertarse; en este caso serían las siguientes: a) necesidad de acceder a los recursos sociales, b) necesidad de convivencia personal, c) necesidad de integración social, d) necesidad de solidaridad social.

También García (1998) plantea que existen otras prestaciones de los Servicios Sociales, donde el Trabajo Social puede articularse, referido a los siguientes momentos: a) información y orientación, b) alojamiento y ayuda a domicilio, c) inserción social, d) cooperación social.

A nuestro juicio, el Trabajo Social puede ocupar diferentes espacios en la organización de los Servicios Sociales. También puede cooperar en el proceso de homogenización, humanización y universalidad de los ciudadanos con respecto a la responsabilidad de los Servicios Sociales en sus niveles más inmediatos. El Trabajo Social también puede ocupar diferentes espacios en la organización social de los Servicios Sociales. Su quehacer puede facilitar una mayor sistematización y organización de la actividad que desarrollan los Servicios Sociales, sobre todo en aquellos segmentos poblacionales, grupos e individuos donde la cobertura ha ido deteriorándose.

El trabajador social para desempeñar su función social debe apoyarse en los sistemas de Servicios Sociales que existen a escala territorial. De esta manera pueden contribuir a luchar por la justicia social, eliminar las situaciones que provocan marginación y pobreza. El papel del trabajador social puede articularse en desarrollar estrategias de cooperación con el área de los diferentes Servicios Sociales. Puede resultar, además, un agente dinamizador de estas formas de organización, sobre todo en retroalimentar la funcionalidad del sistema hacia la ciudadanía, en especial en los sectores más necesitados de Servicios Sociales. Esto puede permitir que el servicio no se convierta en una estructura que adquiera matices de la burocracia.

El profesional del trabajo social debe conocer y comprender la realidad en que se desenvuelve. Su función principal será la atención directa a personas, familias y colectivos necesitados de apoyo social y promover la participación social interviniendo, no solo en el proceso de preparación de estos sino también canalizando la relación entre sujetos sociales y las instituciones implicadas en la solución de problemas individuales y sociales.

Como especialista que se mueve en espacios sociales de conflictos, injusticias, necesidades, carencias y desigualdades, puede resultar un ente que permite racionalización en la distribución de los bienes, y el control de las formas de vida y convivencia en sociedad y hacer más efectivos los Servicios Sociales, donde debe existir un reconocimiento oficial en estas estructuras. El rol del trabajador social en este aspecto se centra en sistematizar y racionalizar necesidades, demandas y respuestas sociales mediante su articulación con el sistema público de Servicios Sociales para contribuir al logro del Bienestar Social.

Bibliografía
ACEBO, A. (1992). *Trabajo Social en los Servicios Sociales Comunitarios*, Madrid: Ed. Siglo XXI.
ANDER-EGG EZEQUIEL (2003). *Historia del Trabajo Social*, La Habana: Félix Varela.
ALEMÁN, C., Y GARCÉS, J. (1998). *Política Social*. España: Edición MC GrawHill.
ARIÑO ALTUNA, MIREN (1996). El Trabajo Social y los Servicios Sociales, en libro *Administración social: Servicios de Bienestar Social,* Editorial Siglo XXI.
AZCUY AGUILERA LUCRINES (2009). El Trabajo Social Comunitario y el respaldo a la problemática del envejecimiento en el Consejo Popular de la ciudad de Santa Clara. Tesis en opción al título de Máster en Desarrollo Comunitario.
BASAIL, A. (2004). *Políticas Sociales Comparadas. Selección de lecturas.* La Habana: Editorial Félix Varela.
BERIDGE, WILLIAM. (1944). *Full Emphyement in a Free Society.* New York.
BUENO ABAD, JOSÉ R. (1992). *Los Servicios Sociales como Sistema de Protección Social*. Valencia: Edit. NAU libres.
_____. (2004). *Los Servicios Sociales como sistemas de protección*. La Habana: Editorial Félix Varela.
CATÁ, E. (2004). *Política Social. Selección de lecturas.* La Habana: Editorial Félix Varela, 2004
GARCÉS FERRER, J. (1996). *Sistema Político y Administrativo de los Servicios Sociales*. Valencia: Editorial Tiranlo Blanch.
GARCÍA, G. (1985). *Los Centros de Servicios Sociales*. Madrid: Ed. Siglo XXI.
KISNERMAN, NATALIO. (1985) *El método: Investigación, colección Teoría y Práctica del Trabajo Social*, 2, Buenos Aires: Edit. Humanitas.

LAPARRA, M. Y AGUILAR, M. (1997) "Intervención social y exclusión" en *Simposio Políticas Sociales contra la exclusión social*. Madrid: Caritas.

Ley 91 de los Consejos populares en Cuba.

MOIX MARTÍNEZ, MANUEL (2004). *El Trabajo Social y los Servicios Sociales. Su concepto*. Madrid: Universidad Complutense de Madrid.

PÉREZ IZQUIERDO, VICTORIA; VEGA GUTIÉRREZ YANET. (2003) La Seguridad Social en Cuba en el Nuevo Milenio.

RED, N. DE LA (1997). "Política Social y Trabajo Social". En Calemán, C. y Garcés J. (Coords). *Política Social*. Madrid: Mc Graw Hill.

RIVERO PINO, RAMÓN. (2003). El trabajo social: sus retos actuales en Cuba. Reflexión de estudiantes de la Maestría en Desarrollo Comunitario. Santa Clara, Cuba: Universidad Central "Marta Abreu" de Las Villas.

ZAMANILLO, T Y GAITÁN, L. (1991). *Para comprender el Trabajo Social*. Estella (Navarra): Ed. Verbo Divino.

ZAYAS SABATELA, M. (2009). *Planeamiento de los Servicios Sociales. Compilación de artículos*, SUM, Santa Cruz del Norte.

Políticas Sociales y Trabajo Social. Un aporte socio-antropológico y de género para (re)construir la investigación en y desde la Intervención social

Marcela A. País Andrade, Miranda González Martín, M. Julieta Nebra, Carolina del Valle, Elizabeth Vicente, Rocío Álvarez, Mariana Pereira y María Luján Platero (UBA)

En las últimas décadas el Trabajo Social, en tanto disciplina, ha generado profundas críticas sobre sí mismo, cuestionando sus objetivos, sus métodos y el lugar de la reflexión y la investigación en sus modos de interpelar las Políticas Sociales. Diversxs autorxs[56] señalan que, existiendo una multiplicidad de formas de ejercicio del Trabajo Social, muchas de ellas implican marcadas características reflexivas y críticas, aun en contextos de intervención. Desde esta mirada, nos hemos planteado el desafío de interpelar nuestras prácticas de intervención social desde la tarea investigativa en diversos Programas y Políticas Sociales de la ciudad de Buenos Aires, Argentina, durante los últimos 10 años. Dicho objetivo se enmarca en dos proyectos de investigación radicados en la Carrera de Trabajo Social de la Universidad de Buenos Aires.[57]

---

[56] Este equipo opta por utilizar el lenguaje escrito como una forma de visibilizar las marcas genéricas, por ello utilizamos la "x" cuando nos referimos a universales en los que pueden incluirse todas las personas, sin importar si se reconocen como mujeres, varones o trans. Si bien el uso de "x" es algo informal, o inclusive incómodo, su uso en ámbitos formales como la academia, es una herramienta de explicitación de la heteronormatividad del lenguaje. El uso de la "x" puede ajustarse a cada persona sin re-producir, a través del poder del lenguaje, la creencia en dos géneros/sexos, que, siguiendo a Wittig (1986) es una base fundamental no solo del sexismo, sino también de la homofobia y la heteronormalización.

[57] Proyectos en curso: "Experiencias de Intervención social desde una perspectiva de Género. Una mirada socioantropológica de la(s) política(s)"; y, "Juventud(es) y nuevas configuraciones identitarias en la vida cotidiana.

Los mismos se descubren matizándose en la perspectiva de género y jerarquizando los espacios de intervención social como campos de investigación. A la vez, recuperan diferentes dimensiones de lo que se denomina reflexividad, atendiendo a nuestro *involucramiento* tanto como profesionales o como sujetos sociales implicados en la misma realidad que estudiamos, nuestro *conocimiento situado* como feministas y, finalmente, el lugar que las narrativas y el lenguaje ocupan en la construcción de nuestras realidades.

Introducción

En este capítulo, daremos cuenta de la posibilidad/necesidad de (re)construir la noción de una "actitud investigativa" (Grassi, 2011) como característica inherente a una forma de intervención que denominamos: *Intervención/investigación desde una perspectiva de género.*[58] Para esto sintetizaremos cinco intervenciones/investigaciones en/desde distintos Programas y Políticas Sociales que venimos realizando desde los proyectos mencionados: 1) Jóvenes en situación de vulnerabilidad penal en vínculo con la construcción de masculinidades en torno al delito; 2) Hombres y mujeres en instituciones de salud mental; 3) Mecanismos

---

Una mirada socioantropológica desde el género, la cultura, la militancia, y la(s) política(s)".

[58] Entendemos que la perspectiva de género nos permite observar —entre otras cosas— los estereotipos de género existentes y las maneras en las que se ponen en juego los mandatos producidos alrededor de la(s) feminidad(es) y la(s) masculinidad(es); las características existentes entre los diferentes cuerpos biológicos, los cuales se estructuran en formas culturales de construir roles de género, por lo tanto, lo femenino y lo masculino definen formas de sentir y percibir nuestro cuerpo.

institucionales de implementación de políticas de asistencia en procesos de familiarismo; 4) La participación de mujeres en dispositivos grupales en relación con la violencia de género; 5) La participación de mujeres en dispositivos grupales en relación con la trata de mujeres y niñas con fines de explotación sexual. Por tanto, estas líneas observarán la potencialidad que la intervención/investigación desde una perspectiva de género presenta para pensar las categorías y política(s) que se ponen en juego en los casos concretos mencionados en y desde el Trabajo Social. Paralelamente haremos visible, en este trabajo colectivo, ciertas formas de (re)producir prácticas de investigación que promuevan espacios grupales desde los cuales reflexionar las intervenciones sociales e intercambiar experiencias desde contextos menos urgentes, que al darse por fuera de las instituciones implicadas, se elaboran con mayor libertad y permiten generar herramientas de intervención innovadoras. Asimismo, intentamos generar una mirada teórico-metodológica (entre otras) para que lxs trabajadorxs sociales latinoamericanxs pongan a prueba, critiquen, y planteen las posibilidades y limitaciones que puedan generarse en el quehacer cotidiano en sus espacios locales.

Dialéctica entre lo teórico-metodológico y nuestros casos de estudio: *Intervención/investigación desde la perspectiva de género.*

Concebimos la Intervención en Trabajo Social como: "(…) una forma de acción social especializada, que integra una fundamentación epistemológica, teórica, conceptual, metodológica y ética, para actuar en situaciones sociales construidas mediante representaciones y comprensiones interna de los hechos que las constituyen; se apoya en teorías sociales que juegan un papel explicativo y guía el conocimiento, procesos y los resultados". (Cifuentes, 2008: 29). Además, es un espacio-tiempo entendido desde "(...) los componentes referidos a los sujetos, los objetos, las intencionalidades, y la fundamentación tanto de las metodologías como de los métodos en Trabajo Social; así mismo en la intervención hay que referenciar sus condicionantes como son: las políticas sociales, la formación, el espacio profesional en el que se consideran las áreas y sectores de actuación profesional. Todo lo anterior se traduce en la construcción de identidad profesional, así como del reconocimiento social de la disciplina y que se encuentra representado en el ethos epocal". (Falla, 2011: 201). Efectivamente, el término *intervención*, se refiere a la acción colectiva o individual para la transformación de una situación social. Dicha transformación implica, de hecho, una valoración de la realidad social, es decir, la idea de que dicha condición debe ser cambiada; entonces, ello implica unos fundamentos éticos, pero también políticos. Por lo que la intervención social de tipo socio-política, es la actuación ocasionada por una perspectiva de inaceptabilidad de la circunstancia que vive un individuo, un grupo o una comunidad. Esta perspectiva, implica una mirada crítica a dicha situación social, lo cual marca la diferencia entre la intervención socio-política, de la intervención asistencial o filantrópica. De esta manera, las diferencias entre ambos tipos de intervención tienen que ver, no sólo con el discurso con que se realiza, sino también con las acciones que se hacen en busca de la transformación (Falla, 2011). Estas nociones cimientan nuestras intervenciones/investigaciones desde la perspectiva de género y ponen en valor el espacio-tiempo de la intervención profesional como campo de conocimiento situado para (re) construir una perspectiva teórico-metodológica que interpele a toda la disciplina. En otras palabras, examinamos las decisiones que suelen *atender* a problemas y/o urgencias de personas reales y actores sociales en momentos y espacios específicos. De esta forma, estamos (re)produciendo esas decisiones como prácticas de un saber situado y construido desde las tensiones, negociaciones y resistencias de las categorías académicas previas y el saber local.[59] En este sentido la perspectiva de género, al proveernos, entre otras, de una lente desde la cual mirar nuestros contextos, nos permite (re)interpelar las representaciones sociales de la(s) realidad(es) y nuestra intervención en ella.[60]

En este apartado, daremos cuenta desde cada investigación concreta, como fuimos —y vamos— (re)construyendo una dialéctica entre lo teórico-metodológico y nuestros estudios de caso por medio de la *Intervención/investigación desde la perspectiva de género*.

Jóvenes en situación de vulnerabilidad penal en vínculo con la construcción de masculinidades en torno al delito

---

[59]Las discusiones teórico-metodológicas que venimos desarrollando desde los estudios culturales, los estudios post-coloniales y el feminismo crítico, nos han permitido abordar particularmente las categorías con las que trabajamos y que denotan a las poblaciones y a las nociones de otredad y desigualdad que implican, así como nos han legitimado un profundo cuestionamiento a las "autoridades" etnográficas y científicas en general, que instalaron con fuerza la noción de *conocimiento situado* (Haraway, [1991] 1995).

[60]Para profundizar en estas ideas recomendamos leer un trabajo previo que realizamos en 2014: "Política(s), prácticas e intervención. El camino de una perspectiva teórico-metodológica del trabajo social desde una perspectiva de género".

Esta investigación surge a partir de una experiencia profesional de Trabajo Social realizada en una institución penal para adolescentes y jóvenes varones infractores en la Ciudad Autónoma de Buenos Aires. Durante el año y medio en que se desarrolló esta experiencia se realizaron tareas diversas: acompañamiento permanente de los jóvenes, redacción de informes para los tribunales, mediaciones frente a conflictos, seguimiento de las familias, entre otras. A partir de la intervención/investigación cotidiana, comenzaron a surgir diversos cuestionamientos y preguntas sobre las prácticas culturales de los jóvenes, como también de las prácticas y políticas institucionales: ¿Por qué son en su mayoría varones los jóvenes en situación de privación de la libertad?,[61] ¿Qué lugar ocupa el delito en la construcción de sus identidades?, ¿Cómo se vincula(n) la(s) masculinidad(es) con la adscripción identitaria[62] del "ser pibe chorro"?,[63] ¿Qué recorridos y trayectorias vitales marcaron el comienzo de las prácticas delictivas?, ¿Qué oportunidades ofrece la sociedad a la juventud?, ¿Qué masculinidad se valora en la sociedad en

---

[61]Las estadísticas de la Dirección Nacional de Adolescentes Infractores a la Ley Penal registran que el 90 % de los niños, niñas y adolescentes institucionalizados en establecimientos son varones.

[62]El concepto de *adscripción identitaria* nombra los procesos socioculturales mediante los cuales los jóvenes "se adscriben presencial o simbólicamente a ciertas identidades sociales y asumen discursos, estéticas y prácticas determinadas." (Reguillo, 2013: 44)

[63]La "generación de los Pibes Chorros" (Miguez, 2004) refiere a los chicos que nacieron entre mediados de los 80' y de los 90', cuando la Argentina se encontraba en un proceso de detención del ascenso social y de precarización del mundo laboral; y que optaron por el delito como una forma de "s*er joven*" en un contexto de marginalidad.

general y en los sectores vulnerables?, ¿Cómo repercuten las políticas sociales destinadas a los jóvenes infractores en la construcción de sus identidades?, etc.

Tanto desde lo académico como desde los medios masivos de comunicación se aborda la problemática del delito y de la juventud. En el discurso, se apela a las variables etáreas y socioeconómicas sin especificar que son mayoritariamente varones quienes llevan adelante esas prácticas culturales, "(…) salvo honrosas excepciones, no se ha problematizado suficientemente el hecho de que los grupos y colectivos juveniles estén formados en su mayoría por varones." (Reguillo, 2013: 71). Es por esto que la investigación plantea y problematiza la relación entre la construcción de la(s) masculinidad(es) de los jóvenes varones con la transgresión y el conflicto con la ley penal. A su vez, analiza las políticas sociales vinculadas a la problemática y su incidencia en la construcción de determinada(s) masculinidad(es).

Consideramos que es fundamental incluir la variable de género en la *intervención/investigación desde una perspectiva de género* sobre la problemática de la vulnerabilidad sociopenal. Principalmente porque partimos de concebir al delito como "una construcción conjunta: es decir, el sujeto delinque como resultado de su propia decisión pero también como emergente de un medio social hostil." (Marcón, 2013: 24), y los condicionamientos de género atraviesan tanto al sujeto como a la sociedad.

Esta investigación se lleva a cabo desde un enfoque socio-antropológico y se centra en los tres núcleos problemáticos que define Achilli (2005) para la investigación: 1) el interés por el conocimiento de la cotidianeidad social, 2) la recuperación de los sujetos sociales, sus representaciones y construcciones de sentido, y 3) la dialéctica entre el trabajo de campo y el trabajo conceptual. Es por esto que se realizaron observaciones participantes y entrevistas semiestructuradas, como así también lectura de documentos relevantes.

Hombres y Mujeres en instituciones de salud mental

El campo de la salud mental se presenta de manera compleja ante las miradas de quienes intervenimos y nos interesamos en él. Por este motivo, es que generar procesos de investigación en este campo se vuelve una tarea necesaria con el propósito de poder conocer, (re) pensar y problematizar la multiplicidad de fenómenos que acontecen en el mismo. En 2012, en el marco de las prácticas pre-profesionales en los dos principales Hospitales de Salud Mental[64] de la Ciudad Autónoma de Buenos Aires, comenzamos esta investigación que hoy continúa y se profundiza. Nuestros principales objetivos son dar cuenta de las modalidades de intervención que llevan a cabo los profesionales de los equipos de salud con lxs sujetxs, y de conocer las maneras en que las políticas sociales reconstruyen y moldean a lxs sujetxs durante sus procesos de "salud-enfermedad-atención".[65]

---

[64]El trabajo de campo se llevó a cabo en el Pabellón "San Juan" del Hospital de Salud Mental "B. A. Moyano" (de mujeres); y en el Servicio N° 28 "Amable Jones" del Hospital de Salud Mental "J. T. Borda" (de varones), ambos ubicados en el barrio de Barracas de la Ciudad de Buenos Aires.

[65]Utilizamos este concepto en la lógica de autorxs como Menéndez y Grimberg. Recomendamos leer el texto de Eduardo Menéndez (2003) "Modelos de atención de los padecimientos: de exclusiones teóricas y articulaciones prácticas", en la revista *Ciencia y Saúde colectiva*, 8 (1): 185-207. Y, el texto de Mabel Grimberg (2003): "Narrativas del cuerpo. Experiencia cotidiana y género en personas que viven con VIH", en la

A nuestro entender, la investigación en el campo de la salud mental desde el Trabajo Social, toma una gran importancia, ya que nos posiciona como profesionales que no solo intervienen, sino que también posibilitan un trabajo de campo,[66] abriendo puertas para generar espacios de análisis, debate e investigación, con el propósito de contribuir a nuestra disciplina desde lo teórico-metodológico, teniendo como base la experiencia recolectada en cada inserción institucional e intervención profesional. En este marco consideramos que este espíritu investigativo debe ser nutrido con miradas críticas que nos ayuden a (re)pensar y desnaturalizar las situaciones complejas en las que cotidianamente nos vemos inmersxs. Esta mirada crítica no puede pasar por alto los aspectos sociales, económicos, políticos, históricos y culturales que influyen e interpelan a lxs sujetxs, a las instituciones, a las políticas sociales, etc., pero tampoco podemos desconocer la perspectiva de género, ya que consideramos que la misma complejiza aún más las interpretaciones que pueden realizarse en el interior del campo de la salud mental, aportando nuevas significaciones.

En esta investigación el género, como categoría de análisis, nos permitió visualizar las modalidades y formas que toman las relaciones de poder entre los hombres y las mujeres institucionalizados y, por lo tanto, nos permitió problematizar las desigualdades producidas a lo largo de la historia entre unos y otras en el ámbito de la salud mental. Este reconocimiento redundó en herramientas teóricas y prácticas que cuestionan la reproducción de los estereotipos y prácticas de género, a la vez que nos invitan a pensar en relaciones

---

revista *Cuadernos de Antropología Social*, Facultad de Filosofía y Letras, UBA, 17: 79-100.

[66]La noción de trabajo de campo será profundizada en las reflexiones finales del capítulo.

igualitarias entre hombres y mujeres en el campo de la salud-enfermedad-atención.

A lo largo de nuestra indagación observamos que las lógicas institucionales con las que se rigen los dispositivos de salud mental continúan separando a lxs sujetxs con padecimientos mentales según su sexo (entendiendo esta categoría como biológica),[67] en grandes hospitales monovalentes, donde si bien se trabaja bajo la modalidad de *puertas abiertas*, se siguen realizando intervenciones que controlan y disciplinan cuerpos, despojando a cada sujetx de sus derechos como ciudadanx, generando así procesos de estigmatización, discriminación, vulnerabilidad y exclusión social. Igualmente, cabe resaltar que la conformación de equipos de salud, donde se trabaja interdisciplinariamente con profesionales tanto de la rama de la medicina como también de lo social (como ser psicólogxs y trabajadorxs sociales), permite realizar procesos de intervención que tienen en cuenta la complejidad tanto médica como psicológica y social. Esto tiene como resultado la creación de intervenciones más integrales. Sin embargo, a lo largo de las entrevistas realizadas quedó plasmado que estos

---

[67]No desconocemos las actuales discusiones a pensar el sexo como biológicamente dado desde lxs diversxs autorxs y analistas de la Teoría Queer y de las de-construccionistas de las sexualidades pero no es tema de nuestra línea de trabajo. Para una discusión profunda al respecto recomendamos leer: Monique Wittig (1993) [1981] "One is Not Born a Woman", reimpresión de *The Lesbian and Gay Studies Reader*, Routledge, Nueva York. A Judith Butler (2002) "Críticamente subversiva", en Rafael Mérida Jiménez, *Sexualidades transgresoras. Una antología de estudios queer*, Icaria, Barcelona, 2002. Y, a Beatriz Preciado (2008) *Testo Yonqui*, España: S.L.U. Espasa Libros. Entre otrxs autorxs que podemos reseñar.

profesionales de la salud absorben las lógicas institucionales —algunas tienen más de 100 años— sin cuestionarse por qué sucede esto, como tampoco qué implicancias tiene intervenir de ciertas maneras, sin tener en consideración todos los aspectos y contextos que atraviesan a cada sujetx, y de qué manera repercute en lxs internxs que lxs profesionales de la salud no tengan presente estas cuestiones. Lo mismo sucede con las políticas sociales, las cuales son atravesadas por discursos políticos, históricos, sociales y culturales, lo que tiene como consecuencia la reproducción de representaciones y significaciones de grupos específicos, como ser "pacientes", "pacientes psiquiátricos", "poblaciones beneficiarias", etc.; aunque intenten continuamente mostrarse, crearse y ejecutarse como herramientas objetivas que presentan "soluciones" ante una problemática determinada. Por lo tanto, consideramos que estos tipos de intervenciones profesionales como de políticas sociales moldean a los sujetos siguiendo intereses específicos enmarcados en las representaciones sociales y culturales existentes en el campo de la salud mental, es decir, los sujetxs son *encasillados* según: su padecimiento, meritoriedad de recursos, situación social y económica, sexo, género, etc.

Por último, consideramos que los dispositivos de salud mental deben romper con las lógicas de las disciplinas hegemónicas en las que han sustentado sus orígenes, como son la médica y la jurídica, ya que es necesario empezar a recorrer caminos alternativos que nos permitan visualizar que, por un lado, las políticas sociales y lxs profesionales de la salud deben presentar una postura crítica ante aquello que se presenta como natural e institucionalizado; mientras que, por otro lado, también se debe comprender que las maneras que tenemos lxs sujetxs de *padecer* o *estar enfermxs* depende de cómo nuestros cuerpos son estructurados, condicionados y determinados social, política, histórica y culturalmente.

Teniendo presente estas cuestiones es posible construir y (re) pensar en modalidades de intervención y creación de políticas sociales integrales que tengan en cuenta la complejidad social que nos interpela como mujeres y como varones, pero también las implicancias de no entrar perfectamente en estas categorías.

Mecanismos institucionales de implementación de políticas de asistencia en procesos de Familiarismo.

Durante el año 2014, en el marco de las prácticas pre-profesionales en Trabajo Social de la UBA, desarrollamos una investigación acerca de las actuales políticas sociales implementadas en la Secretaría de Desarrollo Social de un municipio de la zona sur de la provincia de Buenos Aires.[68] A partir de la realización de observaciones y entrevistas a profesionales del Trabajo Social y personal a cargo tanto de la planificación como de la ejecución de las políticas en la Secretaría, fue posible analizar teóricamente ciertas concepciones respecto del género presentes en estos procesos. Estas concepciones inciden en la reproducción de modelos de sociedad, en torno a categorías centrales como *familias* y *mujeres*.

Por un lado, hemos podido identificar en el discurso de lxs profesionales de la Secretaría formas múltiples de concebir a las familias, contrarias al modelo tradicional. Sin embargo, a nivel institucional se ubica la centralidad de la familia y el rol tradicional de la mujer, como sujetxs a quienes se encuentran

---

[68]Nos centramos en los siguientes programas: Asignación Universal por Hijo, el Plan Más Vida, y el Plan Nacional de Seguridad Alimentaria.

dirigidas las políticas sociales, y a su vez que se encuentran a cargo del bienestar de los miembros del grupo familiar. En este sentido, uno de los objetivos de la investigación fue problematizar los mecanismos para la implementación de políticas sociales. Para ello se han tomado como caso algunas dimensiones, como los objetivos y requisitos de acceso a los principales programas y/o planes de transferencia de ingresos a grupos en situación de vulnerabilidad, presentes en las familias en el municipio como la Asignación Universal por Hijo, el Plan Más Vida, y el Plan Nacional de Seguridad Alimentaria.

En relación con estas acciones, se observa que la mayoría de lxs titulares son mujeres con hijxs a su cargo. A partir de nuestro análisis de la institución, fue posible identificar de qué manera implícita y explícita, se apela al rol de la mujer como madre, a la vez que se ubica al hombre como quien debe proveer los ingresos económicos, en relación con el mercado laboral. Es posible dar cuenta de esta situación, al observar que se establecen criterios de mayor urgencia para intervenir desde la institución, cuando se presenta una mujer a cargo del grupo familiar.

Se configura una población predominantemente femenina de la Secretaría de Desarrollo Social, a través de la apelación que tiene lugar desde los objetivos de las políticas implementadas, al cuidado de la familia. Los planes de Seguridad Alimentaria, se definen desde las autoridades, como dirigidos a satisfacer necesidades ligadas a la alimentación de los niñxs y de los grupos familiares que cuentan con ingresos económicos insuficientes. El acceso está dado por un lado, a mujeres embarazadas y con niñxs menores de seis años, y a personas con problemáticas de salud y nutrición, por el otro. De manera directa en el primer caso, e indirecta en el segundo, se apela a la mujer como madre cuidadora, responsable por el bienestar y la reproducción del grupo familiar para acceder a estos planes. Al establecerse requisitos de acceso, como la presentación de certificados médicos, que se encuentran socialmente relacionados con funciones asignadas a las mujeres, es posible observar una mayoría de titulares femeninos. Se perfila de esta manera, una relación entre la institución y las mujeres encargadas del ámbito doméstico, y a su vez se genera la exclusión de los hombres de estos servicios de Desarrollo Social.

Si bien las políticas sociales aparecen como neutrales en su objetivo de brindar asistencia a las familias que se encuentran en situaciones de vulnerabilidad, el Estado, mediante sus instituciones, reproduce relaciones desiguales de género al construir *posiciones*; esto es, la mujer como madre, encargada de las tareas no remuneradas en el ámbito doméstico y los cuidados familiares, y el hombre en relación con el mercado laboral.

En esta misma línea Javier Auyero (2013) sostiene que el Estado, en sus tareas cotidianas, no solamente reproduce un tipo particular de relación social con los sectores vulnerables, sino que además este tipo de relaciones se encuentran estructuradas en torno a diferencias y jerarquías de género. Plantea que, en la práctica, los programas sociales otorgan mayormente los "beneficios" a las mujeres, se encuentran dirigidos a la población femenina. Al ser estos recursos insuficientes para la satisfacción de las necesidades cotidianas de los grupos familiares, se propicia la dependencia de las mujeres hacia el Estado, o hacia los hombres, es decir se reforzarían las lógicas patriarcales ya existentes.

Consideramos que es fundamental para la profesión del Trabajo Social la *intervención/investigación desde la perspectiva de género* en los procesos de planificación y ejecución de políticas sociales para que den cuenta de los debates en torno a las desigualdades de género. De esta manera, sería posible desnaturalizar las relaciones sociales que podrían operar en detrimento de las mujeres dentro del grupo familiar. Este tipo de relaciones dificultan su acceso al mercado laboral, al no contar con dispositivos que desmercantilicen las tareas de cuidados de lxs miembrxs, o constituyendo una doble carga de la mujer que logra insertarse al mercado laboral, sin que se redefina la división de tareas dentro del ámbito doméstico.

La participación de mujeres en dispositivos grupales en relación con la violencia de género

Otras de nuestras experiencias durante 2014, ha sido en el marco de la Asociación Civil "La Vereda",[69] en un barrio popular de la Ciudad Autónoma de Buenos Aires. Este lugar se constituye en un espacio cultural y educativo en donde se desarrollan actividades de juego corporal, arte y literatura con niñxs, jóvenes y adultxs que atraviesan situaciones de extrema vulnerabilidad.[70] Se trabaja con recursos preventivos, de orientación, terapéuticos y educativos, que utilizan el arte y el juego como herramientas de trabajo clínica y/o pedagógica.

---

[69] "La Vereda" se trata de una organización de la sociedad civil, que no pertenece a ningún área gubernamental, y obtiene su personería jurídica en el año 2003. Se trata de una institución sin fines de lucro donde todas las actividades que se realizan son absolutamente gratuitas.

[70] Vulnerabilidad puede definirse como una "...situación objetiva o subjetiva, de origen material, emocional o psicosocial, que lleva a experimentar al sujeto una condición de indefensión, dada la fragilización de los soportes personales y/o comunitarios..." (Franco y Blanco, 1998: 191)

Nuestra inserción se llevó a cabo en un Taller de Arte y Literatura destinado a las mujeres que concurren a "La Vereda" —en su mayoría madres y referentes de lxs niñxs que asisten al jardín. En el mismo, las mujeres aprenden distintas técnicas relacionadas con el arte mientras escuchan la lectura de diversos libros. Este taller se constituye en una instancia de reflexión en donde se van abordando temáticas de manera grupal, que permiten compartir experiencias, visualizar que otras personas padecen problemáticas similares, etc.

Las mujeres que participan de este espacio transitan situaciones extremadamente complejas —tales como pobreza, desempleo, precarización laboral, inestabilidad habitacional, exclusión, discriminación, etc. En nuestras participaciones e intervenciones en el Taller de Arte y Literatura pudimos observar que hay una problemática que las atraviesa a todas de una u otra manera, justamente por su condición de mujeres: la violencia de género.

Entendimos que era necesario visibilizar la violencia de género como una problemática social y como campo de investigación e intervención del Trabajo Social en tanto se trata de una temática que presenta un escaso desarrollo en materia investigativa en comparación con otras temáticas tradicionales de abordaje de nuestra profesión como salud, educación, vivienda, entre otras. Asimismo, si bien existen políticas públicas que abordan esta problemática, creemos que la mayoría de ellas se encuentran enfocadas a intervenir sobre la emergencia, es decir, en situaciones donde la mujer ha sido víctima de violencia física. Es decir, estas políticas actúan una vez que el daño ha sido consumado, operan como *reparadoras* y no de manera preventiva, por lo que no logran incidir en las representaciones sociales de género, que constituyen la base fundamental de la desigualdad estructural entre varones y mujeres.

En la actualidad, percibimos que la problemática de la violencia de género se hace cada vez más presente en la agenda mediática, lo que ha redundado en una mayor visibilidad al interior de la sociedad. Este hecho contribuyó a que se diseñaran nuevos dispositivos y nuevas políticas públicas en materia de violencia de género en nuestro país. Asimismo, en el año 2012 se reconoció la figura del *femicidio* en la ley penal, la cual castiga los crímenes considerados de género, lo que incluye tanto a mujeres como personas trans. Para tener un acercamiento a la incidencia de esta problemática en la actualidad, es necesario destacar que en el año 2014 se registraron 277 femicidos, es decir, 277 asesinatos de mujeres por razones de género, por el simple hecho de ser mujeres, y que podrían evitarse. Estos datos surgen del Informe de Investigación sobre Femicidios en Argentina, elaborado por el Observatorio de Femicidios en Argentina "Adriana Marisel Zambrano", coordinado por la Asociación Civil La Casa del Encuentro.[71] De esa cifra se desprenden los siguientes datos: 95 de las 277 mujeres muertas fueron asesinadas por sus esposos, parejas, novios u amantes, mientras que 61 de ellas fueron asesinadas por sus exparejas. En 10 casos, el delito fue cometido por padres o padrastros, 19 mujeres fueron matadas por algún familiar y, 21 de ellas, por vecinos o conocidos. Estos datos solo consideran los casos de violencia física —que constituyen el extremo de la violencia de género en tanto atentan directamente contra la integridad de las mujeres— dejando afuera de las estadísticas los otros tipos de violencia existentes (psicológica, simbólica, laboral, etc.).

En nuestro Trabajo de Investigación nos preguntamos acerca de la relación que se establece entre la participación en un dispositivo grupal destinado a mujeres —como es el Taller de Arte y Literatura de la Asociación Civil "La Vereda"— con el reconocimiento y abordaje de la problemática de la violencia

---

[71] www.lacasadelencuentro.org

de género por parte de las asistentes al mismo. Es decir, qué cambios y transformaciones concretas produce en las mujeres su participación en estos espacios grupales, tanto a nivel de los discursos y posicionamientos, como a nivel de sus prácticas. Para acercarnos a nuestra pregunta de investigación, nuestro objetivo general estuvo guiado por conocer la modalidad de intervención profesional del Trabajo Social en dispositivos grupales, con miras a realizar una intervención preventiva de la violencia de género, contribuyendo de este modo en el reconocimiento de la misma como un problema social. Para ello, se hizo necesario partir por adentrarnos en las representaciones sociales de género que se desprendían de los relatos de las mujeres entrevistadas, a la luz de los conceptos principales de la teoría feminista y la noción de género. Es así como pudimos visualizar en el propio discurso de las mujeres cómo se materializaban los mandatos de la feminidad, reproduciendo en su vida cotidiana los estereotipos y roles construidos y asignados social e históricamente a las mujeres. Desde esta visibilización pudimos ir (re)construyendo ciertas representaciones que se hicieron fuertemente presentes al momento de preguntarles qué características creían que definen a una mujer: la asociación de la mujer con una supuesta condición *natural* de madre, el trabajo de la mujer vinculado al espacio doméstico, la subordinación con respecto a sus parejas, el sentimiento de culpa, entre otras.

El material que nos proveyeron las entrevistas realizadas fue muy rico en contenido para analizar, y particularmente en relación con las representaciones sociales de género, se desprendían una gran cantidad de estereotipos que no fueron trabajados por las limitaciones de espacio. Es por eso que nos vimos motivadas a seguir profundizando a través de un nuevo proyecto que se centre fundamentalmente en aquello que no pudo ser abarcado en el trabajo anterior. Estamos seguras de que realizar un taller no es la solución a siglos de patriarcado estructurando nuestra sociedad, pero creemos que no podemos renunciar a abordar la violencia de género —como campo de *intervención/investigación desde una perspectiva de género* en y desde el Trabajo Social— desde una mirada preventiva y estructural que posibilite mirar las relaciones sociales desde una perspectiva de género. Es decir, desde un enfoque que problematice los estereotipos tradicionales asignados a varones y mujeres, poniendo en juego nuevos sentidos en todas las intervenciones profesionales, aun cuando no se trabaje directamente con mujeres víctimas de violencia. Esto implica colocarse unos anteojos que permitan observar las relaciones de poder que se dan entre los géneros. Si no nos adentramos en este desafío, continuaremos legitimando que la violencia se trata sólo de *golpes*, ocultando aquellas marcas invisibles que perduran en la subjetividad de las mujeres y que se constituyen en formas de violencia simbólica.

La participación de mujeres en dispositivos grupales en relación con la Trata de mujeres y niñas con fines de explotación sexual

La última experiencia que queremos compartir en este escrito, refiere al proyecto realizado entre los años 2009-2011 el cual se centró en observar y reflexionar la trata de personas[72] como formas de esclavitud del siglo XXI.[73] Nos focalizamos en la

---

[72] Ley 26364 - Prevención y Sanción de la Trata de Personas y Asistencia a sus Víctimas.

[73] Para profundizar en este proyecto recomendamos leer País Andrade, Marcela Alejandra (2013) "La explotación sexual. Prevención y gestión del 'Consumo Cultural' del cuerpo de las mujeres" en Mariana Torres

trata con fines de explotación sexual y distinguimos que quienes se encuentran más vulnerables a este delito son los grupos menos beneficiados socioeconómica y culturalmente, ciertos grupos etarios (niñas, niños y jóvenes) y las mujeres.[74] Asimismo, nuestra tarea se delimitó a distintas ciudades de la provincia de Entre Ríos (Concordia, Chajarí y Federación) la cual es una de las principales localidades de origen, tránsito y destinos de víctimas de trata de personas con fines sexuales (como de trata laboral). Esta provincia, ubicada a lo largo de la ruta nacional 14 (conocida como la ruta del Mercosur) es territorio fronterizo con la República Oriental del Uruguay. Dichas características la convierten en una de las rutas *preferidas* para las redes ilícitas.

Comenzamos nuestra *intervención/investigación desde la perspectiva de género* con dispositivos grupales (talleres) de concientización y de dar visibilidad al tema, emprendiendo un camino sinuoso entre aciertos y errores. De la mano de las prácticas de concientización como de las de información y prevención nos fuimos inmiscuyendo en una realidad compleja, plagada de estereotipos machistas (invisibilidad y

---

Cárdenas, Nadia Fink y María de las Mercedes de Isla (Compiladoras) (2013) *Se Trata de nosotras. La Trata de Mujeres y Niñas con fines de Explotación Sexual*, Buenos Aires, Argentina: Sudestada, pp. 105-123.

[74] Aproximadamente 4 000 000 de personas son víctimas de trata cada año. La mayor parte de las víctimas son niñxs y mujeres. Entre el 10 y el 30 % de mujeres tratadas son menores de edad. Según la OIT, más de 12,3 millones de personas padecen situaciones laborales equivalentes a la esclavitud. Estimativamente la trata moviliza 12 millones de dólares por año. En América Latina, 2 millones de niñxs y adolescentes son víctimas de explotación sexual comercial o laboral (indigencia). (OIT, 2005 en Nieto, 2010).

condena a lxs sujetxs con prácticas sexuales diversas, prostitución, salud reproductiva, etc.) que naturalizaban la habilitación de burdeles[75] bajo las premisas de ser espacios necesarios para los varones y fuente de trabajo para *esas* mujeres. De forma alarmante, también observamos la cantidad de oferta laboral dudosa y riesgosa que existía en la zona y a las cuales muchas jóvenes y mujeres estaban expuestas por sus propias condiciones de vulnerabilidad social.

Las distintas experiencias que íbamos evidenciando nos dieron la certeza de que no podíamos elaborar estrategias homogéneas y lineales (léase programas nacionales y/o provinciales destinados a tal fin). Se hizo imperante escuchar a cada mujer de cada barrio, de cada comedor, de cada escuela, de cada curso de capacitación y, por supuesto, a nosotras mismas.

Por lo tanto, el trabajo cotidiano con las mujeres estuvo permanentemente imbricado con estereotipos y naturalizaciones de los roles femeninos y de clase social. En situación de talleres, las mujeres sostenían que la violencia de género se daba en situaciones extremas y que solo les pasaba a algunas. Sin embargo, podían visibilizar en esos encuentros cómo las situaciones de violencia les tocaba a todas: el miedo, la inseguridad, las opciones limitadas de empleo y estudio, los bajos salarios en relación con los varones en la misma tarea, y la desvalorización que recibían a diario por ser mujeres. Asimismo, afirmaban que la violencia hacia las mujeres era solo un problema de las *clases bajas* y que se relacionaba con la vida privada. Sin embargo, sabemos que las mujeres de todas las clases sociales sufren situaciones de violencia sin importar la diversidad de nuestras culturas, religiones y situaciones geopolíticas. A pesar de ser más *común* en la esfera privada —como violencia doméstica, sea sexual, física,

---

[75]Espacios donde se pueden tener diversas prácticas sexuales a cambio de dinero.

simbólica, psicológica o abuso sexual—, la violencia hacia las mujeres ocurre también en la esfera pública, que incluye (pero no se limita): femicidios, acoso sexual y físico en el lugar de trabajo, mercantilización del cuerpo de las mujeres, tráfico de mujeres y niñas, prostitución, pornografía, esclavitud, esterilización forzada, lesbofobia, negación de las opciones reproductivas y, por supuesto, las infinitas situaciones de riesgos a las que están expuestas en el espacio urbano (robos, violaciones, manoseos, intimidaciones, etc.). En otras palabras, concluimos que el silencio y la impunidad, sostienen (en muchos casos) la violencia hacia las mujeres enmarcada en las desigualdades socioeconómicas y de género. Estas desigualdades se manifiestan tanto en la esfera privada como en la pública; es decir, en la esfera doméstica (familia) y en las políticas públicas (Estado) que naturalizan actividades y conductas de esclavitud y explotación.

Por tanto, el ida y vuelta permanente entre la tarea militante que realizamos en todos los ámbitos de la provincia, el trabajo de campo, la intervención social y la teoría, la retroalimentación de los saberes femeninos y masculinos de la zona, la visibilización de los estereotipos en los roles de género que expresaban tanto las mujeres como los varones, y las experiencias vividas o escuchadas en situaciones de charlas informales y/o entrevistas nos condujeron a preguntarnos por la construcción y los sentidos de una política determinada; pero también la generación del "problema público" y la población contextualizada a la que apunta esa política se volvieron de interés primordial. Por lo tanto, abordar la Trata con fines de explotación sexual como un complejo que (re)produce y muestra las dimensiones sociales problemáticas que la sostienen implica (re)construir una red compleja entre estereotipos de género, Sector Social y Edad.

De la mano, nos provocó comenzar un fuerte cuestionamiento a nuestras acciones y nuestras formas de entender la(s) política(s) y a nuestra propia práctica militante y de intervención como mujeres de clase media.

Sabemos, desde nuestras profesiones académicas, que las políticas públicas siempre han sido un instrumento de poder desde la modernidad a esta parte. Como dijimos en otros escritos (del Río Fortuna, País Andrade, González Martín, 2012) las políticas siguen definiéndose como producto de un conocimiento experto, científico y técnico, que por lo mismo se coloca por encima y por fuera de la sociedad, que lo asume neutro y objetivo. No solo a nivel de Estado se despliegan "equipos técnicos" encargados de desarrollar, implementar y monitorear estas políticas. También a nivel internacional encontramos cada vez más agencias vinculadas a organismos como la ONU, el BID, etc., responsables por el diseño mismo de la agenda en materia de políticas públicas a seguir. Delincuentes, jóvenes, pacientes mentales, madres, víctimas de violencia, etc., no son sólo temas de la agenda política, sino que son, simultáneamente, poblaciones construidas como discretas, problemáticas, y destinadas a la intervención del Estado. La academia misma se ve interpelada por estas agendas que determinan seminarios y áreas de investigación cada vez más vinculadas a estos "problemas" de las políticas públicas, que siguen siendo a menudo abordados de manera igualmente esquemática y no problematizada.

Desde esta mirada crítica, nos permitimos comenzar a reflexionar sobre las características, posibilidades e imposibilidades que (re)producían las mujeres con las que trabajábamos "la Trata" y nuestros propios estereotipos. Pasado el tiempo, podemos sistematizar algunas cuestiones que presentamos como preguntas y/o motores y con los que deberíamos contar al momento de pensar y diseñar nuestras estrategias de prevención y de acción. Entendemos la prevención no solo como dar información, sino como acciones constantes de concientización, información, acompañamiento y re-elaboración de diversas estrategias y prácticas concretas que realizamos desde la intervención social. Desde aquí sostenemos que es necesario:

Identificar la población destinataria, tanto desde su percepción y apropiación, como desde las demandas y negociaciones que se establecen tensionalmente. Es decir: qué saben del tema, qué vienen haciendo en función de la problemática, si existen redes construidas (formales o informales), estrategias que se vienen utilizando, miedos y fantasmas en relación con el tema, estereotipos naturalizados, religiones, etnias, condiciones socioeconómicas, etc.
Distinguir los principales agentes sociales con los que se construyen y se relacionan los espacios sexuales: policías, abogados, taxistas, funcionarios de aduana (en nuestro caso específico), punteros barriales, organizadores de comedores, periodistas, ginecólogos, organizaciones políticas, etc.[76]
Contextualizar localmente las políticas regionales, nacionales, provinciales y municipales concretas. Problematizar las tensiones que se generan entre estos diferentes niveles y los actores concretos de cada espacio social al que nos acercamos, y las discrepancias/negociaciones que las diferentes organizaciones realizan. En otras palabras, saber claramente cuáles son las contingencias y reticencias de la acción concreta en cuanto a lo que *podemos* realizar. Desde aquí, determinar las posibilidades y

---

[76]Vale aclarar aquí que los espacios definidos fueron los posibles en nuestra experiencia dejando "conscientemente" por fuera el acercamiento a diferentes agentes sociales que nos implicaban riesgos en todos los sentidos (proxenetas, miembros "conocidxs" de las redes de trata, dueñxs de burdeles, etc.).

estrategias para delinear lo que está dado como imposible para comenzar a construirlo —a paso de hormiga en la mayoría de los casos— como posible.

Identificar las diferentes formas de *reclutamiento* local: promesas de empleo en el lugar o lejanas, estudio, turismo; las formas en que se realizan en los diferentes medios de comunicación y del ciberespacio (radio, televisión, diarios, Avisos clasificados, Internet, carteles en lugares públicos, etc.).
Generar una permanente reflexión crítica en relación con nuestra tarea profesional, con los conceptos teóricos *dados* y con nuestro propio marco ideológico feminista.
Reflexionar permanentemente con varones; cuidar con cariño y privacidad los espacios de mujeres; repensar la violencia, el lenguaje, la crianza, los derechos reproductivos, el amor, jugar, bailar, pintar, etc. Es decir, relevar mediante pequeñas acciones y prácticas cotidianas a todxs.
Utilizar el material de información y prevención existente en relación con la Trata (cuadernillos, materiales de diferentes ONGs, etc.), pero animarse a (re)elaborar la información y las estrategias de prevención con las propias poblaciones con las cuales trabajamos.
Rastrear y/o construir redes de apoyo, contención, seguimiento, discusión no sólo a nivel local sino municipal. Empoderarnos como mujeres, cuidarnos, escucharnos, aceptarnos en nuestras diferencias y reivindicar juntxs nuestros derechos, provincial, nacional y mundial.
Identificar la población destinataria, tanto desde su percepción y apropiación, como desde las demandas y negociaciones que se establecen tensionalmente. Es decir: qué saben del tema, qué vienen haciendo en función de la problemática, si existen redes construidas (formales o informales), estrategias que se vienen utilizando, miedos y fantasmas en relación con el tema, estereotipos naturalizados, religiones, etnias, condiciones socioeconómicas, etc.
Distinguir los principales agentes sociales con los que se construyen y se relacionan los espacios sexuales: policías, abogados, taxistas, funcionarios de Aduana (en nuestro caso específico), punterxs

barriales, organizadores de comedores, periodistas, ginecólogxs, organizaciones políticas, etc.[77]
Contextualizar localmente las políticas regionales, nacionales, provinciales y municipales concretas. Problematizar las tensiones que se generan entre estos diferentes niveles y los actores concretos de cada espacio social al que nos acercamos, y las discrepancias/negociaciones que las diferentes organizaciones realizan. En otras palabras, saber claramente cuáles son las contingencias y reticencias de la acción concreta en cuanto a lo que podemos realizar. Desde aquí, determinar las posibilidades y estrategias para delinear lo que está dado como imposible para comenzar a construirlo —a paso de hormiga en la mayoría de los casos— como posible.
Identificar las diferentes formas de reclutamiento local: promesas de empleo en el lugar o lejanas, estudio, turismo; las formas en que se realizan en los diferentes medios de comunicación y del ciberespacio (radio, televisión, diarios, Avisos clasificados, Internet, carteles en lugares públicos, etc.).
Generar una permanente reflexión crítica en relación con nuestra tarea profesional, con los conceptos teóricos dados y con nuestro propio marco ideológico feminista.
Reflexionar permanentemente con varones; cuidar con cariño y privacidad los espacios de mujeres; repensar la violencia, el lenguaje, la crianza, los derechos reproductivos, el amor, jugar, bailar, pintar, etc. Es decir, relevar mediante pequeñas acciones y prácticas cotidianas a todxs.
Utilizar el material de información y prevención existente con relación a la Trata (cuadernillos, materiales de diferentes ONGs, etc.), pero animarse a (re)elaborar la información y las estrategias de

---

[77] Vale aclarar aquí que los espacios definidos fueron los posibles en nuestra experiencia dejando "conscientemente" por fuera el acercamiento a diferentes agentes sociales que nos implicaban riesgos en todos los sentidos (proxenetas, miembros "conocidxs" de las redes de trata, dueñxs de burdeles, etc.).

> prevención con las propias poblaciones con las cuales trabajamos.

> Rastrear y/o construir redes de apoyo, contención, seguimiento, discusión no sólo a nivel local sino municipal Empoderarnos como mujeres, cuidarnos, escucharnos, aceptarnos en nuestras diferencias y reivindicar juntxs nuestros derechos, provincial, nacional y mundial.

A modo de reflexión final

En este trabajo nos interesó recuperar la práctica investigativa como característica inherente a una forma de intervención específica: la intervención/investigación desde una perspectiva de género. De esta forma, pretendemos desestabilizar concepciones homogéneas. Como hemos visto en nuestras investigaciones las construcciones homogeneizantes de mujeres y varones invisibilizan otras formas de desigualdad, a la vez que niegan el derecho a la diversidad. En este mismo movimiento producen, por ejemplo: lxs delincuentes, lxs jóvenes, lxs pacientes mentales, las madres, las víctimas de violencia, la mujer pobre, etc., poblaciones que necesita ser pensada, asistida y salvada por las académicas y las agencias. Este mismo movimiento, siguiendo un planteo foucaultiano, produce "poblaciones-problema".
Esta misma mirada crítica y desestabilizadora es la que proponemos para indagar las políticas, y las instituciones que las encarnan desde la investigación en trabajo social como hemos ejemplificado, en este capítulo, a través de nuestros diferentes proyectos de intervención/investigación desde una perspectiva de género. Como dimos cuenta en el desarrollo de los mismos, proponemos de-construir estas aparentes totalidades racionales que son las políticas y las instituciones, a través de la descripción y el análisis de la compleja trama de

relaciones de poder, resistencia y negociación que se tejen a nivel de la vida cotidiana (Shore y Wright, 1997) desde una mirada que dé cuenta de las desigualdades de género. Quitar a las políticas este velo de neutralidad y objetividad, para colocarlas en contextos marcados por intereses específicos. Para ello trabajamos en y desde nuestros proyectos con la noción de *gobernamentalidad* de Foucault (1978), que refiere a las técnicas de gobierno de las poblaciones, orientadas a conducir y encuadrar comportamientos, a través de la organización del poder sobre la vida: el *Biopoder*. Es así que las políticas públicas y las construcciones hegemónicas de género aparecen íntimamente entrelazadas y naturalizadas, y sólo un enfoque crítico puede evidenciar su carácter histórico y político. Esta perspectiva nos allana la posibilidad de pensar los contextos mismos de intervención crítica en el espacio institucional, cuya existencia da la ilusión de justificarse en la aplicación o garantización de determinadas políticas. Es recuperando la cuestión del poder (y la resistencia) a nivel de las políticas, que podemos evaluar las instituciones como espacios, instituidos e instituyentes, siempre en una inestable arena de lucha.[77] Finalmente, recuperando nociones de la reflexividad como el conocimiento situado propuesto desde el feminismo (Haraway, 1991), que comulga con otras formas de reconocimiento de los propios intereses y valores aun en escenarios supuestamente objetivos y neutrales como la

---

[77]"Desde la década de los 60, y con mayor fuerza en la re-conceptualización, la dimensión política se ha vinculado en la praxis profesional, dando lugar a la construcción de un proyecto, donde los hechos sociales, económicos y políticos, exigen al Trabajador Social, una actuación contextualizada que avance en la organización gremial y de esta manera incida en las políticas públicas". (Falla, 2011: 211)

investigación, y el lugar del lenguaje en la construcción de nuestro mundo, queremos destacar nuestra responsabilidad humana y política a la hora de la intervención/investigación desde la perspectiva de género.

Siguiendo a Garfinkel (1967) y Coulon (1988), sostenemos que el conocimiento científico no resulta particular por sus métodos, sino más bien por su control de la "reflexividad" y su articulación con la teoría social. Así, el relato resulta —en el sentido de interacción de los actores— el soporte de la relación entre comprender y comunicar esa comprensión, y la reflexividad muestra esa correspondencia entre la comprensión y la expresión de dicha agudeza. Esto genera una necesaria participación e interacción en las situaciones cotidianas, donde la reflexividad debe ser pensada desde tres dimensiones que modelan la producción de conocimiento por parte del investigador: a) igualación a la conciencia del investigador sobre sí mismo y sus condiciones sociales y políticas (género, edad, pertenencia étnica, clase social, etc.) b) la posición del analista en el campo científico o académico (Bourdieu y Wacquant, 1992: 69); c) las "(…) determinaciones inherentes a la postura intelectual misma. La tendencia teoricista o intelectualista consiste en olvidarse de inscribir en la teoría que construimos del mundo social, el hecho de que es el producto de una mirada teórica, un ojo contemplativo." (Ibíd.: 69).

Estas tres dimensiones que construyen la noción de reflexividad del investigadorx son centrales en el Trabajo Social y en la comprensión del mundo social. Por tanto, el espacio-tiempo de la Intervención del Trabajo Social permite la confrontación de los diversos modelos culturales, políticos, teóricos, sociales y necesariamente de género del/de la investigadorx con los de los actores (consciente o no). Es en el *estar allí* donde construye legitimación científica, porque es solo en ese estar donde se transita de forma no lineal ni progresiva la "(…) reflexividad del investigador-miembro de otra sociedad, a la reflexividad de los pobladores". (Guber, 2006: 50)

En esas prácticas sociales (como el Trabajo de campo antropológico) que se desarrollan en el espacio-tiempo de la intervención del trabajo social se encuentran los contratiempos, desentendimientos, donde debe surgir el conocimiento debiendo el investigador reaprenderse y reaprender desde otras representaciones el mundo (Guber, 2006: 53). En tal sentido, la investigación que estamos llevando a cabo desde el Trabajo Social y desde la perspectiva de género "(…) responden a un diseño flexible y en permanente reformulación, en un camino fluctuante entre empírea y teoría, entre la estadía en el terreno, la reflexión conceptual." (País Andrade, 2011: 38-39). Asimismo, en permanente diálogo con las tensiones/negociaciones de las percepciones y autopercepciones de nosotras mismas como investigadoras mujeres en el marco de una profesión que (re)produce, muchas veces, estereotipos feminizantes.[79]

Recuperando esta dialéctica entre intervención e investigación dimos cuenta, sintéticamente, en este capítulo de una diversidad de temáticas relacionadas con nuestro quehacer: la tensional construcción de masculinidades en el marco de una institución para jóvenes que han cometido delitos; la manera en que los estereotipos de género atraviesan las formas de tratamiento de los "pacientes" de salud mental, generando limitaciones para unos y otras; la (re)producción de estereotipos en los mecanismos institucionales de

---

[79] Recomendamos leer el trabajo: Entesano, P. y Nebra J. (2012). "Feminización del Trabajo Social: implicancias en la construcción del perfil y la identidad profesional". Biblioteca de la carrera de TS. UBA.

implementación de políticas de asistencia en procesos de familiarísimo; la necesidad de participación de mujeres en dispositivos grupales en relación con la violencia de género para abordar sus propias construcciones estereotipadas de ser mujer; la (re)construcción de políticas y acciones locales y situadas de participación de mujeres en dispositivos grupales en relación con la Trata de mujeres y niñas con fines de explotación sexual. Todas las investigaciones estuvieron particularmente atravesadas por la reflexividad, al preguntarse(nos) —entre otras cosas— por algo evidente en la profesión del trabajo social, pero muy pocas veces observado críticamente: como pensar una disciplina construida en los estereotipos femeninos (solidaridad, comunidad, sensibilidad), y donde la mayoría de las profesionales son mujeres, para la investigación que reviste cualidades "mayoritariamente" masculinas (intelectual, precisa, objetiva, etc.).

Ante esto, y retomando todas estas reflexiones y los resultados alcanzados, desde nuestros trabajos comenzamos a relevar como principal conflictividad en el Trabajo Social, la necesidad de una (de)construcción del conocimiento que visualice y valorice las diversas y creativas formas de producir saber(es) situados. Asimismo, buscamos reflexionar críticamente sobre nuestros espacios investigativos de intervención, a la vez que reelaborar (nos) sobre las propias categorías con las que intervenimos en lo social. Sosteniendo nuestra perspectiva de género, cargada de teoría pero también de intencionalidad política (de la igualdad en la diversidad, de acceso no discriminatorio, etc.), logramos no caer en las trampas de la neutralidad-objetividad que son, después de todo, una forma de mantener el *statu quo*.

Recuperando estas reflexiones, y siguiendo a Corvalán, entendemos que la Intervención Social no es ingenua y que debe dar cuenta del contenido socio-político que refleja en sí misma: "(…) puesto que pretende varios objetivos societales a la vez que se complementan y sirven de apoyo al modelo de desarrollo: regulación de los desequilibrios, estimulación del crecimiento económico, integración de la sociedad, control social" (1996: 4). Es justamente en este contexto donde se lleva a cabo la Intervención en Trabajo Social y desde donde no basta con entender la política social "(…) como un instrumento encaminado a la atención de las desigualdades sociales producidas desde la esfera económica, sino como medio potencializador de las condiciones sociales que permitan por una parte la construcción de ciudadanía y de que los beneficiarios de las políticas se definan como sujetos de derechos; y por otra que el trabajador social asuma con responsabilidad política e histórica sus decisiones que guían su trabajo cotidiano" (Falla, 2011: 209).

Por tanto, incorporar la perspectiva de género es un posicionamiento político que permite identificar las prácticas discursivas que naturalizan y consolidan los lugares desiguales para mujeres y varones. Además, cuestiona las directrices que se vienen generando en la región vinculadas con la construcción de ciudadanía como un ejercicio pleno de los derechos. Por tanto, sostenemos que no observar las intervenciones sociales en el Trabajo Social vinculadas a las (re)producciones y desigualdades de género (roles, identidades, sexualidades, etc.) es una limitante que obstaculiza e impide la igualdad de oportunidades entre varones y mujeres para el desarrollo pleno de sus capacidades. Debemos, ante esto, comenzar a visibilizar los matices presentes y a explicar de qué manera las intervenciones (nos) refuerzan o (nos) transforman en estereotipos de género y de subjetividad de género.

El desafío se presenta en la (re)construcción de un enfoque teórico-metodológico para el Trabajo Social desde una mirada controversista y complejizada que vincule los debates sociales, económicos, culturales y de género al interior del campo de lo político con los referentes en el campo del conocimiento científico. En esta línea, vamos a entender a la Intervención en lo social como la construcción de un proyecto político del Trabajo Social (Falla Ramírez, 2011) en el marco de una disciplina compleja que refuerza, rechaza, confronta y/o negocia sus prácticas en una permanente complejidad dialéctica entre el saber y el hacer cotidiano.

Sabemos que en la experiencia "del día a día" del trabajo social, las posibilidades reales de esta reflexión son limitadas por una diversidad de factores. Creemos, entonces, que desnaturalizar los espacios colectivos de indagación, exploración y pesquisa promueven una destreza investigativa desde la cual se transforman diversas formas de reflexionar sobre estas intervenciones e intercambiar experiencias desde contextos menos urgentes y —al darse por fuera de las instituciones implicadas— con mayor libertad, ofreciendo la posibilidad de generar herramientas de intervención innovadoras. De esta forma, el desafío está puesto en reflexionar acerca de la potencialidad que la intervención social presenta para pensar las categorías y políticas desarrolladas desde otros ámbitos disciplinares de conocimiento, a la vez que generar una mirada teórico-metodológica (entre otras) para que lxs trabajadorxs sociales pongan a prueba, critiquen, y planteen las posibilidades y limitaciones que puedan generarse en el quehacer cotidiano.

Bibliografía

ACHILLI, ELENA (2005). *Investigar en antropología social. Los desafíos de transmitir un oficio.* Rosario: Laborde Editor.

AGUIRRE, R. (2007). "Trabajar y tener niños: insumos para repensar las responsabilidades familiares y sociales". En: *Género, familias y trabajo: rupturas y continuidades. Desafíos para la investigación política.* Gutiérrez María Alicia. Buenos Aires: CLACSO, Consejo Latinoamericano de Ciencias Sociales.

AUYERO, J. (2013). *Pacientes del Estado.* Buenos Aires: Eudeba.

BASAGLIA, F. (1999). "La institucionalización psiquiátrica de la violencia", En: *Razón, locura y sociedad.* México: Siglo XXI.

BOURDIEU, P. (1994). *El espíritu de familia. L'esprit de famille. Raisons pratiques sur la théorie de l'action.* Editions du Seuil, Traducción de María Rosa Neufeld.

BOURDIEU, P. Y WACQUANT, L. (1992). *Una invitación a la Sociología reflexiva.* Buenos Aires: Siglo XXI.

BOURDIEU, P. Y WACQUANT, L. (1986). *Respuestas para una Antropología Reflexiva.* México: Grijalbo.

BURIN, M. y otros (1987). *Estudios sobre la subjetividad femenina. Mujeres y salud mental.* Buenos Aires: GEL.

CIFUENTES, R. (2008). "Resignificación conceptual y disciplinaria a la intervención profesional de trabajo social en Colombia". En: *Memorias I Seminario Internacional Intervención en Trabajo Social: Perspectivas Contemporáneas,* 351, Medellín, Colombia.

CLEMENTE, A. (Coord.) (2014). *Territorios urbanos y pobreza persistente*. Buenos Aires: Espacio Editorial.

CORVALÁN, R. J. (1996) *Los paradigmas de lo social y las concepciones de la intervención en la Sociedad*. Real Academia Uruguaya, N° 4, Uruguay: Universidad de la República de Uruguay.

COULON, A. (1988). *La Etnometodología*. Madrid: Cátedra.

FALLA RAMÍREZ, U. (2009) "Reflexiones sobre la investigación social y el Trabajo Social" En: *Tabula Rasa*, (309-3259), Bogotá, Colombia, No. 10, enero-junio.

FALLA RAMÍREZ, U.; GÓMEZ CONTRERAS, S. Y RODRÍGUEZ, R. (2011) "La intervención en lo social y la construcción de un proyecto político del Trabajo Social", en *Tabula Rasa,* (pp. 195-219, Bogotá, Colombia, No.15, julio-diciembre.

FARAONE, S. (2001). "La transformación en salud mental. Una mirada desde los ejes cura y control", en *Jornadas del Hospital Borda*. Buenos Aires.

FOUCAULT, M. (1978). "La «gouvemementalité»; curso del College de France" (pp. 12-29), en *Seguridad, territorio y población*, 4° lección, Aut-Aut, N° 167-168, París, Francia.

FOUCAULT, M. (2009). *Vigilar y castigar. Nacimiento de la prisión*. Buenos Aires: Siglo XXI.

FRANCO, MARIEL Y BLANCO, LAURA (1998) "Enfoque de riesgo", en Eroles, Carlos: *Familia y Trabajo Social*. Editorial Espacio.

GARFINKEL, H. (1967) *Studies in Ethnomethodology*, Malden MA: Polity Press/Blackwell.

GOFFMAN, E. (1984). *Internados. Ensayo sobre la situación social de los enfermos mentales*. Buenos Aires: Amarrortur.

GRASSI, ESTELA (2011) "La producción en investigación social y la actitud investigativa en el trabajo social", en

Debate Público. Reflexión de Trabajo Social, N°1, Universidad de Buenos Aires, Argentina.
GUBER, R. (2001) *La etnografía. Método, campo y reflexividad.* Buenos Aires: Grupo Editorial Norma.
HARAWAY, D. [1991] (1995). *Ciencia, cyborgs y mujeres: la reinvención de la naturaleza.* Madrid: Ediciones Cátedra.
Howe, D. (1998) *Dando sentido a la práctica. Una introducción a la teoría del Trabajo Social.* Granada: Maristán.
MARCÓN, O. (2013). *La responsabilización penal juvenil como nuevo relato cultural. ¿"Del amor por los niños" al "odio hacia los menores"?* (1era ed.) Ciudad Autónoma de Buenos Aires: Editorial Espacio.
MÍGUEZ, D. (2004). *Los pibes chorros. Estigma y marginación.* Buenos Aires: Capital Intelectual.
NIETO, ROCÍO (2010) "Derechos Humanos y Trata de mujeres con fines de explotación sexual", en revista *Temas*, No. 191; pp. 43-46. Disponible en http://www.apramp.org/upload/doc161_Revista%20Temas%20%20PAG%2043-46.pdf
O' DONNELL, G. (1978) "Apuntes para una teoría del Estado", en *Revista Mexicana de Sociología,* Vol. 40, No. 4, Estado y Clases Sociales en América Latina (2), Universidad Nacional Autónoma de México.
PAÍS ANDRADE, MARCELA ALEJANDRA (2011) *Cultura, Juventud, Identidad: una mirada socioantropológica del Programa Cultural en Barrios*, Buenos Aires: Estudios Sociológicos.
PAÍS ANDRADE, MARCELA Y GONZÁLEZ MARTIN, MIRANDA (2014) "Política(s), prácticas e intervención.

El camino de una perspectiva teórica-metodológica del trabajo social desde una perspectiva de género". En: revista *Debate Público. Reflexión en trabajo Social*. Año 4, No.7, Carrera de Trabajo Social de la Universidad de Buenos Aires, 75-84.
REGUILLO, R. (2013). *Culturas juveniles: Formas políticas del desencanto*. Buenos Aires: Siglo XXI.
RÍO FORTUNA, CYNTIA DEL; GONZÁLEZ MARTIN, MIRANDA; PAÍS ANDRADE MARCELA (2013) "Políticas y género en Argentina. Aportes desde la antropología y el feminismo". En: *Encrucijadas*, Revista crítica de Ciencias Sociales N° 5: 54-65.
SHORE, C. Y WRIGHT, S. (1997). "Introduction: Policy. A new field of anthropology", en *Anthropology of Policy: Critical Perspectives on Governance and Power*, (pp. 3-39), London: Routledge.
WITTIG, MONIQUE (1986). "The Mark of Gender". En: *Feminist Issues* 5.2 (1985): 3-12.

Interpretación de estereotipos de género concernientes a dos institutos de la UACJ

Wendoly Morales, Alberto Ochoa y Julio Arreola

El propósito de esta investigación es identificar los estereotipos de género en los estudiantes de la UACJ aludiendo a (ICSA e IIT) de Ciudad Juárez, mediante análisis diversos para distinguir su existencia actual, con el objetivo de determinar cuáles son esos modelos de género y ver las cuestiones de estereotipos en lo que se considera deben ser cualidades masculinas y femeninas. Esto se aplica a la práctica social, y de esta manera se identifican y determinan cuáles son los modelos de género que se ejercen en estas facultades, así como los procesos de desarrollo y la convivencia, para hacer una reflexión y análisis de esta permanencia. Toda esta información se obtiene mediante encuestas en las cuales se requiere de cuatro tópicos básicos: 1) capacidades intelectuales de género, 2) comportamiento e interacción entre hombre y mujer, 3) carácter masculino y femenino, y 4) aspectos psicológicos.

Introducción

Los estereotipos que existen en la sociedad, se crean sobre la base de un proceso en el cual categorizamos y esta categorización la llevamos a cabo en el entorno en el que nos desenvolvemos. La categorización consiste en la agrupación y organización de los aspectos del entorno que tienen que ver con la mujer y el hombre en distintos ambientes o lugares, como nos menciona Julia Pérez en su trabajo sobre estereotipos de género (Perez, 2011). Estos lugares y ambientes los asociamos a los institutos de la UACJ, pues es aquí donde desarrollan los estudiantes y donde se identifican los estereotipos.

Esta problemática social incide en estudiantes que hoy día tienen un estereotipo y lo ejercen en su lugar de desarrollo, en este caso (ICSA-IIT). Estos modelos son aprendidos desde el hogar o bajo la misma influencia de amigos por el lugar y ambiente en el que se desenvuelven debido a la cantidad sobresaliente de hombres con respecto a mujeres en la facultad de ingeniería, contrario a lo que sucede en las facultades de ciencias sociales.

"Puede decirse que la percepción social de los géneros es desigualdad, y se manifiesta en las actividades desempeñadas por la mujer, las cuales son menos valoradas que las desarrolladas por los hombres" (De Barbiere, 1998). La filósofa y experta en temas de mujeres, Isabel de Torre Ramírez, nuestra autora principal, afirma: "las mujeres centraban la elección de sus estudios universitarios en las carreras de ciencias sociales, humanistas y bio-sanitarias, mientras que los hombres manifestaban una clara preferencia por las ingenierías y mecánicas". (Ramirez, 2005)

> Si nos remontamos hacia el ingreso de la mujer en las academias de ciencia en 1850, podemos hacer mención del proceso que llevaba el establecimiento de la ciencia y con ella la necesidad de obtener los grados universitarios que acreditaban la genuina práctica de la profesión. Consigo mismo las mujeres tuvieron que seguir luchando contra las sucesivas barreras, en este caso los estereotipos que impedían su participación en las instituciones científicas. Para 1995 en la mayoría de las carreras seguía habiendo una distribución de sexos muy desiguales, de manera que había unas donde la proporción de mujeres superaba el 70 %, como enfermería, educación general básica, Trabajo Social, filosofía, y psicología, mientras que en otras no alcanzaba el 10 %, como ingeniería técnica que continúa

hoy día siendo una carrera masculina.[80] Pero estas categorizaciones varían a lo largo de los años pues algunas de las carreras que fueron antes masculinas hoy son femeninas (como la medicina y el derecho), y algunas aún están en proceso de feminización (Ramirez, 2005).

- Siendo así hacemos mención de la autora Carolina Bolaños (Cubero, 2005), quien plantea la necesidad de que en la evaluación de carreras en cuanto la calidad universitaria, se consideren criterios que valoren las condiciones curriculares en que hombres y mujeres se relacionan durante el desarrollo de una carrera. El estudio contempla las relaciones que contribuyen o no a modificar las formas tradicionalmente discriminatorias en perjuicio de las mujeres.

Metodología propuesta

El estudio consiste en un diagnóstico con perspectiva de género de la curricula universitaria, en el que participan estudiantes; el diseño será de campo, donde se recolectarán datos directos de la realidad de la problemática que son los institutos antes mencionados, para encontrar los resultados de identificación de estereotipos y la magnitud de ellos en cada una de las facultades desde una realidad concreta.

La población serán los estudiantes del lugar de investigación y como consiguiente un muestreo estratífico, ya que la recolección de datos se basará en géneros: hombre y mujer, siendo estos los subconjuntos con características comunes; las herramientas utilizadas para la obtención de datos serán encuestas a 36

---

[80] CIDE,19

estudiantes, 18 encuestas realizadas a ICSA y 18 IIT, así como también observaciones directas ya que los estereotipos que se analizarán son inconscientes y una forma cotidiana de vida, la cual necesita de una observación directa al medio de desarrollo; se finaliza con la tabulación de las encuestas para poder deducir la relación entre la observación y la tabulación. De esta manera se demuestran los estereotipos que se encontraron y cuáles son las diferencias respecto a cada instituto.

Alcances y limitaciones

Esta investigación tiene un alcance correlacional/explicativo. Correlacional ya que el propósito es evaluar la relación que existe en las facultades de la UACJ, en cuanto a estereotipo de género en un contexto particular, así como también, si es que siguen un patrón sistemático una con otra y cuáles son sus variables. Explicativo ya que pretende analizar por qué se relacionan nuestras dos variables (ICSA e IIT), así como también cuál ejerce un mayor o menor control de estos modelos: masculinos y femeninos. En esta sección es necesario mencionar que el proyecto no solo se limitará a la demostración de diferencias en modelos de género, en cuanto a los institutos correspondientes a la investigación, sino también a explicar el grado de diferencia que existe y determinar cuáles son, dada la sobresaliente cantidad de hombres en IIT, así como también la forma de relacionarse en los dos institutos.

Variables de la investigación

Tabla 1. Clasificación de las variantes en causa, efecto y control, las cuales intervienen en la investigación.

Independiente (Causa) "x"	Dependiente (Efecto) "y"	Control "z"
Estereotipos de género	Presencia de estereotipos (ICSA e IIT)	Imaginario colectivo
Comportamiento de género	Interacción entre hombre y mujer	Desarrollo social de modelos de género
Influencia de roles	Carácter de hombre y mujer	Diferenciación sexual
Carreras estereotipadas Sexo	Cantidad sobresaliente de hombres y mujeres en los institutos	Cultura Social de Género

Fuente: Elaboración propia

Variables independientes

Se eligieron estas variables, ya que son las causas principales que aparecen en la investigación, es decir, sin institutos (elementos de la investigación) no existiría la permanencia de los estereotipos en ella, o de igual manera si no existieran las interacciones de hombre y mujer en estos institutos, no se podría tomar en cuenta cuáles son los comportamientos de los géneros que ahí se ejercen, denotando que las variables independientes necesitan de las dependientes para adquirir un significado en el ambiente en el cual se desenvuelven las variables independientes.

Variables dependientes

Estas variables son el enfoque que tienen las causas, es aquí donde incide la variable independiente, es decir los estereotipos de género, los comportamientos, etc. (aspectos mencionados anteriormente) los cuales inciden en las facultades de la universidad (ICSA e IIT) creando una presencia de estos modelos en dichas facultades. Las variables independientes son aspectos generales o factores sociales que adquieren valor o sentido en las variables dependientes.

Variable de control

Estas variables neutralizan los efectos, es decir, las magnitudes de presencias, comportamientos, interacciones, etc., de género; depende de la variable dependiente e independiente; es la variable de control.

Estudio de carácter correlacional

El estudio correlacional tiene como objetivo medir el grado de relación que existe entre dos o más variables en un contexto determinado, en el caso de nuestra investigación se tratará la relación que existe en estereotipos de género entre la variable "X" siendo esta ICSA y la variable "Y" que es IIT; es decir, se pretende medir las dos variables y observar si están relacionadas o no, medir las posibles diferencias que existen de acuerdo con determinados aspectos que se investigarán. Estos aspectos son la influencia que existe entre la magnitud de diferencia entre hombres y mujeres en cada una de las facultades. Los estereotipos se relacionarán en la selección de la profesión, carácter e interacción; en este caso se observará el comportamiento de estos aspectos en un instituto y otro para identificar si la influencia de hombres y mujeres en cantidad en estas variables afecta el comportamiento de una con otra, así como si la correlación es positiva o negativa o si no existe una correlación entre las dos.

Se usará este método ya que no es una investigación la cual se pueda manejar mediante hipótesis, es decir, realidades no observables completamente sino que se necesita emplear de esta manera un análisis estadístico, utilizando encuestas para denotar una relación verídica y estudiada, en donde la información se obtendrá de un contexto determinado.

Aplicación del instrumento

Para determinar la presencia de estereotipos de género en las facultades que se han marcado anteriormente, se consideró pertinente formular y desarrollar una serie de preguntas las cuales nos permitieran obtener información en relación con los modelos de los sexos y observar el criterio de los encuestados al respecto. La recolección de datos consistió en la realización del trabajo de campo, mediante encuestas aplicadas en: Universidad Autónoma de Ciudad Juárez, instituto IIT e ICSA, con un total de 36 (debe ser 32 (16 y 16)) encuestas realizadas, 16 a hombres y 16 a mujeres, y el formato constó de 15 preguntas.

	Instrumento a aplicar
A)	¿Consideras que en tu instituto existe la presencia de estereotipos de género? ¿Por qué?
B)	¿Consideras que tu carrera es mayormente dirigida a mujeres? ¿Por qué?
C)	¿Tu carrera la escogiste, si es ingeniería por ser lógica y si es de ciencias sociales por ser humanista?
D)	¿Qué dificultades has tenido en tu carrera en relación con tu sexo?
E)	¿Cuál es tu opinión acerca del pensamiento que considera a las mujeres más eficientes en carreras sociales y a los hombres en carreras de ingeniera?
F)	¿Al momento de seleccionar tu carrera, existió alguna influencia de este pensamiento?
G)	¿Cómo desarrollan los profesores el género al dirigirse a ustedes?
H)	¿A qué se debe la elección de tu carrera?
I)	¿Si eres mujer en ingeniería te juntas con las demás mujeres? ¿Por qué?
J)	¿Qué tipo de música escuchas frecuentemente en tu instituto?, ¿Crees que se deba a la cantidad sobresaliente de hombres o mujeres?
K)	¿En tus salones de clases aproximadamente cuántos hombres y mujeres hay?
L)	¿Si eres hombre en carreras sociales, te juntas con los pocos hombres que hay? ¿Por qué?
M)	¿Cómo se comportan tus compañeros cuando estás presente: si eres mujer cuando estas con hombres y si eres hombre cuando estas con mujeres? y ¿cuáles son sus comportamientos estando entre su mismo sexo?
N)	¿Tu convivencia o interacción es mayormente con mujeres o con hombres? Justifica tu respuesta?
Ñ)	¿Los profesores hacen diferencia entre el género?

Tabla 2. Instrumento utilizado para la recolección de los datos correspondientes a las facultades de investigación (ICSA E IIT)
Fuente: Elaboración propia
Escala Lieckert

Las preguntas del instrumento son abiertas en su totalidad, pero existe un nivel indefinido en ellas que nos permite llevar una clasificación, lo cual nos servirá para trasladar los resultados obtenidos a la escala. La variedad de este instrumento se deriva en la libertad de opinión en las preguntas del mismo; de esta manera los aspectos a considerar fueron la cuestión de la pregunta y englobar su respuesta para la obtención de los datos de la escala.

Instrumento en IIT

Encuestas contestadas: 18   ***Hombres***: 15

Carreras: Aeronáutica y Matemáticas   ***Mujeres:*** 3

Tabla 3. Nos demuestra a partir de los 18 encuestados, los estudiantes que seleccionaron algún nivel de esta escala en relación con los aspectos referentes a los estereotipos de género que ellos consideran existentes en la facultad de Ingeniería.

Inciso (pregunta)	Escala		
	Total y completamente desacuerdo	Ni en acuerdo ni en desacuerdo	Total y completamente en acuerdo
A)	2	2	12
B)	10	3	3
C)	4	2	10
D)	10	5	1
E)	7	6	3
F)	12	2	2
G)	4	3	6
I	0	3	0
J)	5	5	6
Ñ)	7	5	4

Fuente: Elaboración propia

Instrumento en ICSA

Encuestas contestadas: *18*   ***Hombres:*** *5*

Carreras: *Educación y psicología*   ***Mujeres:*** *13*

Tabla 4. Nos demuestra a partir de los 18 encuestados, los estudiantes que seleccionaron algún nivel de esta escala en relación con los aspectos referentes a los estereotipos de género que ellos consideran existentes en la facultad de las ciencias sociales.

Inciso (pregunta)	Escala		
	Total y completamente desacuerdo	Ni en acuerdo ni en desacuerdo	Total y completamente en acuerdo
A)	6	3	8
B)	8	3	7
C)	2	3	13
D)	15	0	3
E)	12	4	2
F)	16	0	2
G)	14	2	2
I	0	0	0
J)	12	1	5
Ñ)	15	2	1

Fuente: Elaboración propia

Correlación de Institutos

Según la información obtenida, se puede dar pie a la realización de la comparación entre los institutos con respecto a los 4 tópicos de la investigación en referencia a los estereotipos de género existentes en los institutos IIT e ICSA.

En relación con las capacidades intelectuales observamos que en la pregunta B existe una diferencia del 22 % entre las facultades, lo cual indica una presencia de estereotipo en carreras mayor en ICSA que en IIT, mientras tanto la pregunta E nos señala exactamente el mismo porcentaje en diferencia, solo que en este caso existe de parte de IIT una mayor influencia de pensamiento acerca de que las mujeres no son igual de eficientes para la selección de una carrera de ingeniería ni los hombres para las ciencias sociales. Respecto a las últimas dos preguntas de esta tipología observamos porcentajes similares en cuanto a la influencia de la pregunta E, así como a la razón ante la selección de la carrera, lo que refiere que no existió influencia de estereotipos para la elección.

Comportamiento e interacción entre hombre y mujer

Un aspecto interesante que no es tomado con la importancia necesaria en relación con los estereotipos es la Música, pues en los resultados de las encuestas de manera cualitativa se mencionaba igualdad de géneros de música respecto a los sexos, así como también que en IIT se escuchaba más música tipo rock por la influencia de hombres y en ICSA baladas, mientras de manera cuantitativa que menos del 40 % de los encuestados considera que la música que se escucha en su facultad se deba a este aspecto, con una diferencia de 5,56 %, siendo más notable en IIT la creencia de esta situación.

Respecto a las 3 preguntas restantes en las cuales se relaciona la interacción entre sexos, nos damos cuenta de que existe un comportamiento igualitario cuando hay convivencia de los dos sexos, siendo un porcentaje más alto en IIT con un 55,55 % con una diferencia de 11,11 % respecto a ICSA; en las preguntas restantes se mostraron porcentajes similares.

Carácter masculino y femenino

En la pregunta D notamos que la presencia de dificultades en relación con el sexo durante el transcurso de la carrera es mayoritario en IIT, ya que existe una diferencia de 16,67 % en comparación a ICSA, lo cual denota que en la facultad de ingeniería existen más dificultades respecto al sexo considerado por hombres. Contrario a esto se encuentra la pregunta C, pues sigue existiendo estereotipo en la selección de carreras humanistas por parte de la mujer, lo cual muestra la gráfica. De igual manera podemos percatarnos de la inserción mayoritaria de hombres en las ciencias sociales que de mujere en las ingenierías.

Aspectos psicológicos

Algo importante que cabe destacar de la investigación, y en general de este tópico, es la consideración respecto a que los profesores ejercían una diferencia en cuanto a comentarios o acciones que denigraban la actividad de la mujer en la ingeniería encontrando de manera interesante que son los jóvenes quienes observan esa diferencia debido a preferencia de profesores a mujeres señalado en la pregunta Ñ, observando de la misma manera que existe un mayor arraigo de la convivencia con el mismo sexo de parte de los hombres en las ciencias sociales a mujeres ejerciendo convivencia con ambos sexos.

Conclusión

Los resultados obtenidos en esta investigación nos permiten responder a la hipótesis inicial de nuestra investigación, la cual nos denota la existencia de estereotipos de género en una magnitud no muy significativa de manera general (hombres y mujeres) en los dos institutos, en cuestión de realizar una comparativa entre los sexos, el nivel más alto de estos modelos se representa en los hombres lo cual se muestra en la primera gráfica, se observa de manera significativa la presencia en estas dimensiones; es decir, consideran las ciencias sociales más relacionadas con las mujeres por su forma de trato, dedicación y simplemente por su sexo, y no aptas para una ingeniería debido tanto al cuerpo como a las capacidades lógicas; mientras que las mujeres consideran que las carreras tanto de ingenierías como ciencias sociales son viables para los hombres y mujeres, así como también creen que esta estas ideas solo se basan en el lado maternal de las mujeres (en relación con las encuestas referidas a educación).

Se consideraba en primera instancia en relación con el instituto de ingeniería (IIT), la discriminación hacia la mujer debido a las ideologías previas a la realización y aplicación del instrumento; posteriormente las gráficas demostraron lo contrario: existe discriminación hacia los hombres debido a preferencias de profesores a mujeres, lo que denota diferencias referentes al sexo.

Sobre la base de la investigación, se concluyó que los estereotipos de género en la actualidad siguen existiendo, tal vez no en un mismo porcentaje que en épocas pasadas, pero se demuestra que no han podido ser eliminados completamente en las facultades, a pesar de las propuestas de igualdad y equidad de género o incluso la información existente referente al tema. Asimismo se observa que dichos estereotipos son de manera inconsciente, lo que se aprecia en la forma de dirigirse de los profesores a los alumnos, la selección de la carrera; a pesar de no considerarse el pensamiento de las mujeres humanistas, y el de los hombres lógico, sigue existiendo una gran diferencia entre la inserción de las mujeres a estas carreras y los hombres a las ingenierías, lo cual se puede clasificar como un estereotipo inconsciente.

Política Pública

En relación con la investigación realizada, se pudieron observar algunas acciones que se deberían tener en cuenta para realizar un cambio social, organizacional o inductivo en referencia al tema de la investigación, —es estereotipos de género en los dos institutos investigados—, esta política pública comprende algunas acciones para consolidar e impulsar las condiciones igualitarias tanto de trato como de perspectiva entre hombre y mujer en las Facultades y desde los estudiantes como de los profesores. Asimismo se pretende que las desigualdades no solo sean un tema, sino un principio orientador, y que en la Universidad Autónoma de Ciudad Juárez debería:

) Existir completa equidad de género (sin preferencias o diferencias entre las mujeres y hombres).
) Ejercerse un lenguaje común en cuanto a género para evitar la discriminación de sexos, es decir que los maestros o maestras al dirigirse ante los estudiantes se dirijan en forma genérica, ejemplo: chicos y chicas,

o sea, hacer mención de los dos por igual, no en forma genera (masculino).
3) Reconocerse la especificidad de género, debido a la existencia d necesidades específicas de sexos.
4) Incluirse la perspectiva de género a los perfiles de las carreras par ampliar su ingreso a las distintas profesiones.
5) Incorporarse temáticas relativas a la igualdad de género dentro de lo institutos.
6) Existir igualdad de trato para hombres y mujeres, por parte de lo profesores o maestras que imparten clases.

Bibliografía

ÁLVAREZ, A. G. (12 de enero de 2012). *Percepción sobre los roles y estereotipos de género en los alumnos de 3º y 4º del I.E.S Eras de Renueva.* Recuperado en 2013.

BARBIERE, T. DE (mayo-agosto de 1998). "Sobre la categoría de género. Una introducción teórico-metodológica". *Revista interoamericana de Sociología.* No. 2.

CUBERO, C. B. (29 de septiembre de (2005)). *"Calidad Universitaria desde una perspectivadegénero".* Recuperado el 24 de septiembre de 2013, Disponible en: http://revista.inie.ucr.ac.cr/uploads/tx_magazine/calidd.pdf

PÉREZ, J. (9 de octubre de 2011). *Estereotipos de Género.* Recuperado el 12 de octubre de 2013, disponible en http://www.poderjudicialmichoacan.gob.mx/web/atencion/contenido/ponencias/mesa2/Estereotipos%20de%20G%C3%A9nero%20Julia%20P%C3%A9rez.pdf

PILAR COLÁS BRAVO, PILAR (2007). La interiorización de los estereotipos y de género en jóvenes y adolescentes. *Revista de Investigación Educativa*, Vol. 25, No. 1.

TORRES RAMÍREZ, Isabel (2005). *Miradas desde la pespectiva de género: Estudio de las mujeres.* 1ra ed. NARCEA, S.A. de ediciones.

Los nuevos liderazgos: elecciones y redes sociales

Guillermo Enrique Cervantes Delgado

Regina García Bañuelos

Introducción

El espacio público es compartido por tres actores principales: los ciudadanos, los políticos y los medios, siendo este último el eslabón que une a los ciudadanos y el gobierno, así lo señala Florence Toussaint en *Espacio Público, medios de comunicación y democracia*. Las dinámicas del espacio público han cambiado a través del tiempo, desde las primeras monarquías hasta la democracia de la que hoy gozamos; esta evolución se ha dado en la interacción de sus tres actores, quienes a través del tiempo han modificado sus dinámicas de comunicación y poder.

En nuestra actual democracia, el sistema político es en definitiva uno de los factores determinantes que en muchas ocasiones dicta y dirige las dinámicas del espacio público, acusado de comprar constantemente a los medios de comunicación este sistema de representación no funciona, se aleja de la esencia del ideal de democracia, pues no corresponde ante los principales problemas de la población que se supone representa. Lo anterior ha llevado a nuestro país a una crisis de representación, donde los ciudadanos sienten que sus intereses no son atendidos por la clase política perteneciente a un sistema partidista cada vez más detestado por los ciudadanos.

En este contexto los medios tradicionales también han sufrido un notable descrédito ante la sociedad, son vistos en ocasiones como ineficientes o en el peor de los casos como manipuladores de la verdad al servicio de intereses de políticos y no de la sociedad. Esta visión se ha acentuado con el surgimiento de nuevos medios de comunicación emergentes de Internet, que difieren en gran medida de los medios tradicionales, en ellos los ciudadanos han encontrado un nuevo espacio de participación y expresión. Las nuevas tecnologías han impulsado también, sobre todo en el último año, el surgimiento de nuevos representantes para la sociedad al margen del sistema partidista, lo que sugiere un nuevo paso en la evolución del espacio público. Así, pues, para comprender este fenómeno este artículo pretende brindar un pequeño contexto de la construcción del espacio público en las sociedades modernas y la relación entre sus actores, para luego analizar un par de casos en los que las nuevas tecnologías de comunicación han alterado la forma de convivencia entre los tres actores principales que comprenden el espacio público.

Espacio público

Aunque nos cueste trabajo pensarlo el espacio público en realidad siempre ha sido un espacio limitado. Para comprender la definición de este término sin lugar a duda se debe recordar a Habermas, quien concibe la estructura de la sociedad dividiéndola en dos esferas: la pública y la privada. En la antigua Grecia por ejemplo, de donde se tiene la más antigua referencia del espacio público, la esfera privada se dedicaba a tratar los asuntos familiares que solo se discutían y resolvían en casa, mientras que el debate de los asuntos públicos era discutido solo por los ciudadanos quienes eran hombres libres; este espacio era negado a las mujeres, niños o esclavos (Toussaint, 2004: 23).

Nuestra sociedad dista mucho del modelo de espacio público griego, hoy día todo hombre es libre ante la ley y tiene derecho a participar en las decisiones públicas, al menos en teoría.

Nuestro espacio se asemeja más a la época de la ilustración cuando las dinámicas comienzan a transformarse profundamente, y la opinión pública adquiere una función de contraparte del poder. Durante este período las reuniones de los ciudadanos instruidos tenían la función de discutir, opinar y criticar las actividades de los que ostentaban el poder. Los espacios de reunión en la Ilustración, los famosos cafés y salones de París e Inglaterra, eran lugares donde las opiniones circulaban libremente, la restricción de acceso al espacio público y con ello su opinión se daba en el sentido de que solo aquellos ciudadanos bien instruidos y con pensamiento crítico participaban en estas reuniones; las personas sin educación ni formación de carácter crítico quedaban al margen de ellas.

Sin lugar a duda con la llegada de la imprenta y el surgimiento de los medios impresos, la información, opinión y puntos de vista de algunos fueron llegando cada vez a más y más personas de todas las clases sociales. Paulatinamente, con el avance de la tecnología se construyeron los medios de comunicación masiva tradicionales: televisión, radio, prensa. Los medios masivos tradicionales llevan una gran cantidad de información de lugares y situaciones que no se encuentran en el entorno inmediato de los individuos, es así como van construyendo la realidad de las personas, es a través de ellos y de la información que comparten, que las personas van formando su opinión de los problemas de su entorno. En este sentido durante las últimas décadas, la restricción del espacio público se da debido al dominio que la clase política y el mercado ejercen sobre los medios masivos de comunicación, los cuales además de ser censurados mediante incentivos económicos, son unilaterales y con frecuencia contienen programas poco útiles e informativos para la sociedad en general.

La teoría de la Agenda Setting de McCombs y Shaw (1972) señala cómo es que los medios de comunicación seleccionan las noticias que se transmitirán a la audiencia. Son los medios quienes deciden cuáles acontecimientos son los más relevantes para ser transmitidos, así la relevancia que la audiencia le otorga a los problemas sociales depende directamente de la relevancia con la que son tratados en los medios de comunicación. Los medios entonces, se han "constituido como el espacio público por excelencia" (Toussaint, 2004: 26). El problema radica, como dice Giovanni Satori, que con la televisión, por ejemplo, los temas que no son relevantes adquieren relevancia gracias a la cobertura con la que se tratan. "La información televisiva refleja el cambio de los temas de interés público por aquellos que sin serlo, sin tener ninguna trascendencia social, por la difusión que alcanzan a través de la televisión se convierten en asuntos de interés general". (Citado por Toussaint, 2004: 26).

El problema radica también en que los medios tradicionales son en lo más general unilaterales, es decir, en su mayor parte son emisores de mensajes, pero pocas veces reciben retroalimentación de su audiencia y si lo hacen se da bajo sus propios términos. Al no promover el intercambio de ideas, los ciudadanos se acostumbran a recibir mensajes pero pocas veces a emitirlos (Castells, 2008). No debemos olvidar también que muchos medios responden a intereses partidistas y económicos, dejando de lado su misión de servicio a la comunidad, además de que hoy en día es difícil confiar en la autenticidad de los medios de comunicación alternativos, los cuales son en apariencia libres de opinión pero en el fondo responden a intereses partidistas.

Democracia masiva

Para Habermas, existen dos actuantes en la sociedad moderna que modifican la vida de los individuos, estos son el Estado y el mercado, y es mediante el gobierno que los individuos aceptan su dominación con la esperanza de garantizar una vida en sociedad ordenada. (Sáchez, 2004: 68). Ahora bien, el Estado moderno se caracteriza por ser un sistema político representativo por lo que, para llegar al poder, los políticos necesitan ser elegidos por el pueblo, entonces los candidatos a elección se respaldan en sus partidos políticos quienes desde hace décadas han venido afinando las técnicas de campaña para conseguir votos; estas técnicas sin lugar a dudas involucran la ayuda de los medios, los cuales se han convertido en un elemento imprescindible.

Algunos autores como Castells (2008), coinciden en que los medios juegan un papel fundamental de intermediación entre la clase política y los ciudadanos, son ellos quienes se encuentran en el eje principal de la relación entre la información y el poder (Sánchez, 2004). Los medios de comunicación gozan de papel preponderante de enlace entre ciudadanos y clase política, tanto que se ha generado una dependencia hacia ellos. En consecuencia, los políticos han transformado sus dinámicas de campaña ajustándose a las reglas de comunicación de los medios masivos con la promesa de que sus mensajes lleguen a los ciudadanos. Los políticos presentan sus spots publicitarios como son trasmitidos el resto de los mensajes publicitarios en los medios, de forma que sean entendibles para el público (Toussaint, 2004), en el caso de la televisión por ejemplo, dominan los mensajes visuales donde frecuentemente se crean personajes para la promoción de productos e ideas.

Así los candidatos venden su imagen en épocas electorales como si se tratara de un nuevo producto de adquisición, con producciones increíbles y campañas tan especializadas que incluyen mercadólogos y toda clase de "souvenirs" de los partidos, dejando en segundo término la autenticidad de sus mensajes. Prueba de ello es la enorme cantidad de dinero que el actual presidente de México gastó durante su gubernatura en el Estado de México promoviendo los programas sociales y obras realizadas durante su administración, al terminar su gestión el Estado de México era uno de los más pobres y con mayor índice de violencia en el país.

Con el modelo de comunicación de los medios masivos tradicionales, las audiencias y la ciudadanía también se han transformado. Los ciudadanos "pasan de ser grupos con intereses compartidos y la posibilidad de debatir, cara a cara, a ser conglomerados humanos, sin vínculo directo" (Toussaint 2004: 29). A esto debemos sumar que los medios de comunicación también son influenciados y afectados por el mercado, sus programas y trasmisiones se encuentran forzosamente inundados de comerciales ofreciendo productos y servicios, en este sentido el espectador está acostumbrado a esta clase de mensajes.

De los puntos anteriores se deriva que la comunicación política, tiene otra dinámica, donde los mensajes políticos pasan a ser mensajes de consumo, dejan de ser políticos y se convierten en personajes, y los ciudadanos dejan de ser ciudadanos para convertirse en consumidores de mensajes. Así el marketing político, el proceso industrializado y mercantilizado de los medios hace que la política ya no sea un asunto de ciudadanos si no de masas (Pérez, 2004), siendo esta un conglomerado de personas a las cuales pocas cosas las unen (Toussaint, 2004), a excepción claro de los temas dictados por los medios de comunicación y su necesidad de acceder a temas que no les son cotidianos. Así, la política deja de ser un asunto de interés ciudadano.

Ahora bien, bajo los estatutos del marketing político la masa se conforma de varias categorizaciones, siendo el electorado la más grande formada por todas aquellas personas con capacidad de votar y que comúnmente no atienden los temas políticos —basta ver los altísimos niveles de abstencionismo en el país. Dentro de las categorías más reducidas de las masas se encuentra el público activo en la política, comúnmente militante de algún partido en específico. La atención de los medios y los políticos se centra en especial, como lo menciona Castells (2008), en los indecisos, quienes definen los resultados electorales, y en una sociedad donde los medios atienden intereses políticos y las campañas electorales se parecen cada día más a las campañas publicitarias de productos, no se puede confiar en que ese ciudadano indeciso tome una buena decisión, porque esa decisión lo afectará en los años posteriores.

Nuevos medios de comunicación y el cambio social

Somos un país en el que la prensa es el medio por tradición y excelencia, se remonta a cinco siglos atrás y surge a raíz de intereses políticos (Castells 2008), hasta la fecha en muchos de los medios sigue siendo de igual forma. Y aunque, gracias a los nuevos medios de comunicación y su facilidad de acceso para todos los ciudadanos hoy en día existen medios de alternancia y oposición, la televisión, dirigida por solo dos grandes conglomerados, sigue siendo el primer medio a través del cual los ciudadanos comunes acceden al escenario político.

Gracias a la evolución de las nuevas tecnologías y en especial al desarrollo de la Web 2.0 el espacio público se ha ido transformando nuevamente en las últimas décadas. El Internet y sus maravillosas aplicaciones, como son los weblogs, las redes sociales y las páginas independientes de opinión e información son un nuevo espacio de expresión para los ciudadanos. Estos espacios hasta hoy no son regulados. Naturalmente, como lo menciona Castells (2008), los movimientos sociales no nacen en las nuevas tecnologías, pero sí las utilizan; la tecnología es ahora un medio para la construcción social.

El auge de los nuevos medios de comunicación sucede por varios motivos: brinda a los ciudadanos la posibilidad de compartir sus propios contenidos al margen de lo que los medios tradicionales de comunicación publican. Son de fácil acceso y publicación, lo que ha animado a que los ciudadanos se expresen, además brindan la oportunidad de responder, retroalimentar y compartir ideas. Todo lo publicado en Internet puede ser inmediatamente replicado, lo que abre nuevas posibilidades de debate y democracia, características de las cuales los medios tradicionales no gozan.

Las nuevas tecnologías han tenido un notable impacto en el escenario político, sobre todo en las campañas electorales, tanto que el tipo de comunicación que se da a través de ellas ha abierto la posibilidad de que los ciudadanos sean los verdaderos protagonistas de las campañas (Álvarez García, 2010) descentralizando la información y permitiendo que tanto los candidatos como los ciudadanos se muevan libremente en el espacio de comunicación. Así, podemos encontrar una serie de ventajas que las nuevas tecnologías brindan a las campañas electorales:

Segmentación. La segmentación en Internet es una forma muy útil de asegurarse de que la información que se desea publicar llegará directamente a las personas indicadas. En Internet la segmentación de un mensaje puede hacerse de muchas formas, ya sea en función de las características del receptor (edad, género, estudios), como por las condiciones geográficas o temporales, como seleccionar que el mensaje solo se haga llegar a los receptores de cierta zona a determinada hora.

  Para las campañas electorales la segmentación es una ventaja muy apreciada, ya que los esfuerzos y recursos invertidos en tratar de establecer comunicación con los posibles electores ahora pueden ser regulados. Así los candidatos ya no tienen que gastar enormes cantidades de dinero en hacer llegar su mensaje a todas las personas posibles, sino en hacer llegar su mensaje solo a las personas que puedan estar interesadas en sus propuestas.

Herramientas como las redes sociales y el correo electrónico, así como las páginas de Internet permiten hacer algún tipo de segmentación. En el caso del correo electrónico se debe contar con la dirección de los ciudadanos, de otra forma hacer llegar información sin su consentimiento podría considerarse intrusión (Álvarez García, 2010), sin embargo existen muchas formas de conseguirlo: durante los eventos de campaña o a través de la página web donde comúnmente los ciudadanos se pueden inscribir voluntariamente para recibir boletines informativos. Las redes sociales, por otro lado, cuentan con un sistema de promoción de publicaciones, donde pueden ser filtradas determinadas características de los internautas, por ejemplo un mensaje de cierto candidato puede ser visto y promovido solo en las redes sociales de las personas con edad para votar.

Flexibilidad. Las nuevas tecnologías, Internet para ser más exactos, ofrecen la posibilidad de que los usuarios accedan a la información en el momento en el que lo deseen, a diferencia de otros medios como la televisión que fijan los horarios en los que los televidentes pueden ver determinado programa. En Internet los contenidos están a disposición de los usuarios siempre, en la hora y en el lugar que estos elijan. De esta manera los candidatos solo tienen que subir a la red la información que desean dar al electorado, y ellos decidirán cuándo acceder a ella.

Interconectividad. "Los hiperenlaces o hipervínculos se han convertido en la principal característica de Internet" (Álvarez García, 2010: 56). Es mediante los hiperenlaces que los internautas pueden acceder de un tema a otro fácilmente para investigar con más profundidad determinado contexto. Así, una nota publicada en Internet en la cual se mencione el nombre de cierto candidato, puede llevar al usuario (dando click en el nombre del candidato) a un contenido que explique sus propuestas, o redireccionarlo a su página de Internet.

Bajo costo. La publicidad en los medios tradicionales en México es de un costo elevado y de un tiempo de vida muy corto, un anuncio en televisión por ejemplo, tiene una duración de unos cuantos segundos y transmitirlo con frecuencia para que llegue a un mayor número de personas aumenta considerablemente su costo, en cambio el costo de la publicidad en Internet es de mucho menor costo, se maneja en impresiones por millares y se puede segmentar. Por otro lado, crear un sitio de Internet y mantenerlo tiene un bajo costo comparado con la publicidad en los medios tradicionales, ni qué decir de las páginas en alguna red social que se crean de forma gratuita y publicar contenido en ellas no tiene ningún costo; así, lo anterior sugiere un ahorro de recursos para muchos políticos.

Rapidez y espacio ilimitado. La rapidez con la que se puede colgar contenido en cualquier red o página de Internet facilita la comunicación entre candidatos y ciudadanos, ya que no se debe esperar a que la información se edite o se convierta a los formatos tradicionales de comunicación; escribir un texto, publicar un video o colgar un audio lo puede realizar cualquier persona desde cualquier lugar.

Pero quizás el aparente espacio ilimitado del que se goza en la red es uno de sus principales atractivos, los candidatos pueden subir diariamente actualizaciones de sus campañas o subir cientos de fotografías, mientras que los usuarios pueden tener acceso a cuanta información deseen. Esto hace parecer que los espacios en Internet son ilimitados, aunque no siempre es así, ya que sí existe un límite de almacenamiento en los sitios de Internet, sin embargo es mucho mayor al espacio que se puede pagar en un medio impreso por ejemplo.

Sin intermediarios. Esta es quizá la característica por la que las campañas que posteriormente analizaremos decidieron utilizar nuevos medios de comunicación para comunicarse con los ciudadanos. Como lo mencionábamos anteriormente, los medios de comunicación son los intermediarios entre la clase política y los hombres comunes, los medios a su vez confían en las interpretaciones de los periodistas para dar a conocer los sucesos, es así como producen grandes cantidades de información. Al prescindir de intermediarios los candidatos pueden emitir exactamente los mensajes que desean sin arriesgarse a las interpretaciones de los periodistas o los formatos dictados por los medios tradicionales, el no tener intermediarios sugiere también una comunicación más directa con los ciudadanos y una mayor libertad para ambos actuantes, libertad que en cuestión de medios solo se da por Internet y las herramientas que se desprenden de la red.

Lo anterior no quiere decir que los nuevos medios de comunicación estén fuera del alcance del dominio de los medios tradicionales, el mercado y los políticos. Los medios tradicionales de comunicación han tratado de establecer sus contenidos en los medios de comunicación en red, con la finalidad de ser menos unidireccionales y continuar vigentes en el mercado de la comunicación. Además, desde que las grandes compañías y el gobierno dieron cuenta del poder de este tipo de medios han tratado a toda costa de dominarlos y apropiárselos: las grandes compañías por un lado comprando los espacios de comunicación e intercambio de los ciudadanos y los gobiernos tratando de privatizar y controlar el acceso a Internet (Castells, 2008).

Sin embargo, la libertad y el cambio de paradigmas en la comunicación entre políticos y ciudadanos es un hecho y un ejemplo de lo que se puede lograr socialmente con el uso de las nuevas tecnologías, son en particular dos campañas independientes en las elecciones federales de 2015 en México. Pedro Kumamoto, diputado federal electo, y Jaime Rodríguez, gobernador del estado de Nuevo León, ayudados por las nuevas tecnologías, han roto de alguna manera el círculo de dependencia entre la clase política y los medios masivos de comunicación, lo que significa una ruptura entre dos de los actores que conforman el espacio público. Es por esto que al postularse de manera independiente —es decir, sin el apoyo de ningún partido político—, para cargos públicos y prescindir de los medios tradicionales de comunicación para acercarse a los ciudadanos, es un atentado contra el sistema político actual que basa su poder en el manejo e influencia en los medios.

Pedro Kumamoto una estrategia integral

Fue a través de redes sociales como Facebook y Twitter, una sencilla e informativa página de Internet y aplicaciones de mensajería como Whatsapp y Periscope que Pedro Kumamoto logró 57 215 votos y la victoria de su campaña electoral. Con un gasto aproximado de 242 000 900 pesos, lo que representa el 19 % del tope de gasto de campaña establecido por el Instituto Electoral y de Participación Ciudadana de Jalisco, según el medio informador.mx (2015) Pedro de solo 25 años de edad es uno de primeros candidatos independientes en llegar a la Cámara de Diputados.

Pero ¿qué es lo que verdaderamente marcó el éxito de la campaña de Kumamoto? Sin duda, mucho tuvo que ver el hartazgo de la sociedad mexicana por el despilfarro y descaro de los políticos afiliados a algún partido político. El sistema político mexicano motiva el proselitismo y la malversación de fondos, en vez de promover el bienestar social y atender los intereses del pueblo representado, no es de sorprenderse entonces que el 75 % de la población con posibilidades de votar no confía en ningún partido político, según el sondeo realizado por el Centro de Estudios Sociales y de Opinión Pública de la Cámara de Diputados. Kumamoto es uno de ellos, asegura no haberse afiliado a ningún partido para "no deberle favores a nadie" y poder trabajar libremente atendiendo los intereses de su distrito. Las nuevas tecnologías y el bajo costo que estas representan, además de la ayuda de muchos voluntarios hicieron posible realizar su campaña, Kumamoto lo señala claramente en su página Web "Solo apalancándonos de nuevas herramientas e ideas podremos lograr cambios radicales en nuestro sistema político".

Haciendo un análisis de su campaña, podemos ver varios puntos destacables, Enrique Pérez Quintana en *Marketing*

Político (2004) nos habla de las estrategias utilizadas en la mercadotecnia política, en concreto de la estrategia creativa y la estrategia de medios, en el caso de Kumamoto se puede decir que la creatividad de su campaña radicó en pedir la participación de las personas para la creación y desarrollo de la misma "creemos que mientras más personas estén involucradas en una toma de decisión o el desarrollo de una idea, mejor será el resultado".

Por supuesto, no se puede lograr que los ciudadanos participen en una campaña si se tiene una buena comunicación con ellos, así que para lograr esta comunicación se ayudó de las nuevas tecnologías y otras no tan nuevas como el uso de una línea telefónica. Así en cada rincón de su página web se encuentra el número telefónico de la línea de Kumamoto, donde se atienden dudas y opiniones. Por otro lado, una de las ventajas del uso de Internet es la comunicación horizontal, es decir la comunicación de muchos a muchos, es así como muchas personas pueden estar interconectadas entre sí, aprovechando esto la página oficial del candidato tiene un apartado en una posición preponderante donde las personas pueden comentar y responder a los comentarios de los demás y realizar debates improvisados sobre determinados temas que se presenten en los comentarios. Este tipo de comunicación según Castells es una forma de establecer confianza entre los participantes de la comunicación.

La estructura de su página es simple y contiene la información necesaria para que los ciudadanos que no conozcan al candidato sepan quién es Pedro Kumamoto y qué es lo que propone. Bajo el lema de "Habitemos la política" invita a los ciudadanos a tomar las riendas de las decisiones que se toman en el país, a sumarse y participar, opinando, denunciando y contribuyendo de forma activa. Dentro de los apartados de su sitio web se dedica a exponer los principios mediante los cuales se conduce, entre ellos se pueden anotar la inteligencia colectiva, participación ciudadana, la apertura, la innovación, la transparencia y la rendición de cuentas, además de los derechos humanos y la perspectiva de género.

Dentro del marketing político, como lo menciona Pérez Quintana (2004), la selección o mezcla de medios de comunicación debe ser cuidadosamente analizada para enviar el mensaje propagandístico al público seleccionado. En este caso Kumamoto apostó por los nuevos medios de comunicación, porque se ha demostrado que el uso de Internet está ligado al nivel de autonomía personal, comunicativa y sociopolítica (Castells, 2004: 3). El uso de las nuevas tecnologías no pudo dar mejor resultado, Eleazar Parra Cárdenas, encargado de los detalles de programación y el uso de tecnologías en la campaña, en una entrevista para la revista Alto Nivel, realizada el 12 de junio, solo cinco días después de que su compañero ganó la elección, detalla el uso de cada una de estas herramientas:

Whatsapp: Es una herramienta de mensajería a través de una red de Internet, la utilizaban para comunicarse entre los organizadores de la campaña. Cárdenas relata que en un principio al tener pocos seguidores de su campaña la utilizaban para convocar a las personas que voluntariamente se habían sumado a su movimiento. Sin embargo, poco a poco, cuando el número de interesados era mayor, esta herramienta fue insuficiente.

Facebook: La red social por excelencia en México se utilizó para convocar a las personas interesadas en la propuesta de Kumamoto una vez que Whatsapp fue insuficiente y circular información sobre la campaña. Además, se utilizó para promover el uso de la línea telefónica adonde se podía llamar para obtener información de la campaña, sumarse a ella o hacer observaciones; esto fue piedra angular en la campaña de Pedro quien continuamente mencionaba que el sistema de política mexicana necesitaba la participación activa y directa de los ciudadanos durante la campaña y, sobre todo, durante las administraciones.

Periscope: Esta es una herramienta reciente, utilizada para transmitir videos en vivo a través de redes sociales. Mediante ella Kumamoto trasmitió todas sus reuniones y sus actos públicos en el distrito, lo cual ayudaba a que las personas estuvieran informadas aun cuando no podían estar en los eventos; sirve también como una herramienta de transparencia al ser una transmisión en vivo en la que no se puede editar lo transmitido.

Estas dos últimas herramientas crean vínculos directos entre los emisores y receptores, ya que fomentan la retroalimentación y respuesta inmediata entre unos y otros, lo que fortalece este vínculo entre candidato y ciudadano. Algo muy destacable en su campaña fue la creación de su propio sistema PREP a través de la plataforma de almacenamiento GloogleDrive. Así, con ayuda de voluntarios, se enviaban fotografías de los resultados de votación de cada casilla, esto, por supuesto, accesible para todo el público. Cabe destacar que la ausencia del uso de los medios tradicionales de comunicación, dado en parte por el alto costo que estos implican, y que el presupuesto asignado a los candidatos independientes es menor que el asignado a los candidatos respaldados por algún partido político; sin embargo, Kumamoto sí tuvo espacio en los medios tradicionales a través de entrevistas, esto debido a lo innovador que resulta su proyecto y sus estrategias de campaña, sin embargo, prescindió por completo de ellos para publicitarse o tratar de llegar a los ciudadanos.

Jaime Rodríguez, *El Bronco*

La campaña de Jaime Rodríguez es diferente en esencia a la de Pedro Kumamoto, aunque ambas campañas basaron sus comunicaciones en las nuevas tecnologías de comunicación. No se puede mencionar la campaña de Jaime Rodríguez sin dejar en claro que, a diferencia de la de Kumamoto, esta se vio nublada por una serie de dudas sobre las verdaderas intenciones y la autenticidad de su independencia política.

El candidato que durante muchos años fue activo militante del Partido Revolucionario Institucional, partido que incluso lo llevara a ser electo alcalde del municipio de García, sorpresivamente en las elecciones a la gubernatura del Estado de Nuevo León, se postuló de manera independiente con el objetivo principal de romper el sistema político mexicano. Sin embargo, y a diferencia de Kumamoto, quien nunca estuvo afiliado a ningún partido, deja entre dudas si en verdad pudo desligarse de todas las relaciones políticas con su anterior partido. Por supuesto, en entrevistas realizadas durante su campaña señala que su decisión de ser candidato independiente fue debido a que ya no compartía los manejos y actividades de los partidos. Por otro lado, mucho se dijo acerca de la participación activa de empresarios que financiaron su campaña, lo cual no podría considerarse como una auténtica independencia ya que el uso de recursos privados puede, de ganar el cargo al que se aspira, comprometer los intereses durante la administración. El largo tiempo que cumplió militando en uno de los partidos políticos más importantes del país ha dejado una huella palpable en su campaña, la cual en gran parte se basó en el ataque directo a la anterior administración del estado, misma a la que advirtió que de llegar a la gubernatura sometería a investigación por sospechas de corrupción y desvío de recursos; este tipo de ataques es sin duda distintivo de las campañas políticas tradicionales que buscan obtener más votos a través de ataques a sus contrincantes o en este caso a anteriores administraciones.

Comoquiera que sea, lo destacable de su campaña y el verdadero interés de su mención en este artículo, es hablar sobre sus estrategias de comunicación, a pesar de que en más de una ocasión el candidato, así como su publicista Guillermo Rentería, hayan mencionado que no seguían ninguna estrategia determinada. Esta campaña aún con dichas declaraciones es de nuestro interés por ser la primera campaña para un puesto de relevancia en la cual la comunicación entre candidato y elector se da a través del "social media", tal como lo menciona Miguel Treviño, activista anticorrupción en la ciudad de Monterrey, en una entrevista para *The New York Times* "this election will go down in history as a case study: the country's first important election where social media plays a key role in communication strategy, without the support of the largest TV networks, and a campaign without the formal political party structure." (2015).

Lo primero que se debe mencionar acerca de esta campaña es que Jaime Rodríguez ha fomentado el uso de las redes sociales desde que era alcalde de García, esto con la intención de que los ciudadanos denunciaran abusos y problemas ocasionados por las bandas de crimen organizado que dominaban la zona. En varias entrevistas *El Bronco* afirma que descubrió el poder de las redes sociales desde que era alcalde, y decidió independizarse de los partidos políticos porque confiaba en que esto le daría resultado. Además de las redes sociales en las que está en constante comunicación con sus seguidores, *El Bronco* puso en marcha un página de

Internet en la cual destaca una lista de problemáticas las que el candidato se enfocará en resolver, estas problemáticas son: el transporte, la corrupción, la generación de empleo, la educación y la salud; en estas propuestas no hay espacio para la discusión de ideas ni puntos de vista, se limita a presentar la problemática.

Invita a la participación ciudadana a través de una sección de colaboración, donde invita a los ciudadanos a ser embajadores o defensores, en ella explica las actividades de cada puesto, en las que destaca la invitación a los embajadores a expresar opiniones en contra de la corrupción y otro temas por medio de las redes sociales. Cabe señalar que al igual que Pedro Kumamoto, *El Bronco* transmitió algunas de sus reuniones y eventos por medio de Periscope, contenido que como ya lo mencionamos se refleja en las redes sociales. Así se puede decir que la comunicación que Rodríguez Calderón mantenía con los ciudadanos se daba por lo general a través de las redes sociales, ayudado por un lenguaje popular que en veces rayaba en lo vulgar, pero que sin duda le añadía popularidad y aceptación entre el electorado.

Una de los aspectos más destacables de su campaña, y que cimbra el sistema político mexicano, fue la total ruptura con los medios tradicionales de comunicación. Aunque al igual que la campaña de Kumamoto esta atrajo la atención de muchos medios que decidieron dedicar un espacio en sus sitios y programas para hablar de la controversial campaña, la atención llegó a ser tanta que varios medios internacionales como *The Washington Post, The New York Times* y *The Wall Street Journal*, así como la agencia The Associated Press, siguieron de cerca su campaña y mencionaban que *El Bronco* representaba "hartazgo de los mexicanos hacia los partidos políticos tradicionales" (Proceso, 2015), y la posibilidad de que en 2018 exista un candidato independiente para la presidencia del país. El desdén por los medios tradicionales y el aliento a establecer una comunicación directa con los gobernantes por medio de las redes sociales, rompe con las dinámicas hasta hoy practicadas en el espacio público y pone en jaque el sistema político ya que elimina al intermediario (los medios) de las relaciones entre gobernantes y gobernados, intermediario que en las últimas décadas ha sido acusado en numerables ocasiones de no responder a los intereses de la sociedad y venderse a un sistema político podrido. Esto mismo es señalado ya por analistas mexicanos como Luis Carlos Ugalde quien para *The New York Times* señaló: "This is an external shock to the political system … For the first time they will have to consider the frustration that is out there. Marches and demonstrations don't really have an effect. It's business as usual. But losing in Nuevo León would powerfully call their attention. A triumph by *El Bronco* would be an important symbol."

Reflexiones

Nuestra historia de democracia ha sido comúnmente manchada por intereses económicos y políticos desde las más pequeñas hasta las más altas esferas de la sociedad. La política se encuentra sumamente mediatizada y los ciudadanos la aceptan simplemente porque, hasta hoy, era lo que conocían, y carecían de otras opciones. Los candidatos cada vez recurren a campañas publicitarias que rayan en lo ridículo, en su mayor parte se dedican a atacar a sus contrincantes, hacen promesas y presumen de valores que una vez electos olvidan. Los partidos políticos han acentuado el proselitismo y la guerra mediatizada entre ellos, dejando a un lado los intereses del pueblo. Los medios, por otro lado, se encargan de exaltar una cultura individualista, donde los ciudadanos han dejado de tener contacto unos con otros.

Las nuevas tecnologías son una gran oportunidad de cambiar el espacio público y las tendencias políticas del país. De no privatizarse o regularse por el gobierno podría ser el escenario de cambio muy importante para las sociedades en general, un cambio que ni en la antigua Grecia ni en la ilustración podía ser concebido, donde los ciudadanos tengan mayor oportunidad de expresión y organización, sin estar sujetos a intereses políticos o comerciales. Esto se debe en gran medida a la capacidad de los nuevos medios para personalizar los mensajes, mensajes que a su vez son globales, es decir, un mensaje que emita una persona o grupo de personas puede llegar a muchos interesados de manera personal y directa, además estos pueden responder a los mensajes también de manera inmediata, lo que agiliza la comunicación, la vuelve más amena y horizontal.

Estas nuevas formas de comunicación han derivado ya en la Wikipolítica por ejemplo, la cual es una red de personas que se involucran en las tareas públicas, utilizando las tecnologías para dar a conocer su mensaje a más simpatizantes, reconociendo la construcción colectiva y buscando la democracia real.

El futuro de la comunicación política cambia vertiginosamente, como las formas de comunicarse en red y los partidos, los medios y actores políticos lo saben. "En México, en entidades como Nuevo León, el Distrito Federal, y Jalisco, muchos candidatos ya no van a requerir medios tradicionales para hacer campaña. Podríamos estar hablando de una eventual complementariedad con los medios tradicionales, que hasta ahora no habíamos visto", asegura María Elena Meneses, investigadora y coordinadora de la cátedra Sociedad de la Información, del Tecnológico de Monterrey, en una entrevista para la revista *Alto Nivel*.

Sí, nos queda claro que estamos a la expectativa de un cambio en la forma de hacer campañas, pero en algunos casos desgraciadamente no en la forma de hacer política. Debemos tener presente que las campañas son la forma de llevar los mensajes políticos a las audiencias, sin embargo lo que importa es que el contenido y las propuestas sean auténticos y sinceros. Las nuevas tecnologías abren el panorama de la comunicación política, y en este nuevo panorama se debe estar pendiente de las nuevas posibilidades de comunicación, no solo del político o gobernante hacia los ciudadanos, sino de las posibilidades que tienen los ciudadanos de organizarse e involucrarse en las decisiones. Para muchos es claro que el escenario político no solo del país si no del mundo es controlado por unos pocos, a esto se le suma los filtros con los que los ciudadanos reciben la información a través de los medios, controlando estos filtros los políticos y gobernantes dominan a la población que carece de medios suficientes para informarse. Algunos medios tradicionales, por no decir que los de mayor presencia en el país, por desgracia se han dedicado a consolidar este sistema, es por esto que es de suma importancia el surgimiento de un medio de comunicación controlado por los ciudadanos que no responda a intereses económicos.

Los elementos para un cambio en el escenario político del país están puestos sobre la mesa, y aunque nos gustaría ser positivos al respecto, se debe tener mucha reserva sobre lo que pueda pasar en un futuro inmediato, ya que como se ha comentado anteriormente, los medios tradicionales y el Estado tratan de controlar estos nuevos medios y su acceso, además el uso de los nuevos medios también tiene aspectos negativos como la gran cantidad de información falsa que circula por ellos. De cualquier manera, los cambios presentes sugieren un reacomodo en las dinámicas del espacio público y la posibilidad de un cambio radical en la forma de hacer política, y todo cambio sugiere también la esperanza de un futuro mejor para las personas que por muchos años han quedado al margen de las decisiones que los afectan.

Bibliografía

ÁLVAREZ GARCÍA, MARÍA. (2010). "Principales efectos y ventajas del uso de las nuevas tecnologías en campañas electorales". *CIC Cuadernos de Información y Comunicación*. Vol. 15. (pp. 55-84).

CASTELLS, MANUEL. (2008). "Comunicación, poder y contrapoder en la sociedad red (I). Los medios y la política". *Telos: Cuadernos de comunicación e innovación*. No. 74. (pp. 13-24).

CASTELLS, MANUEL. (2008). "Comunicación, poder y contrapoder en la sociedad red (II). Los medios y la política". *Telos: Cuadernos de comunicación e innovación*. No. 75.

De la redacción. (2015). "«El Bronco» crece por hartazgo de mexicanos frente a la clase política, destaca prensa internacional". Revista *Proceso*. 26 de mayo de 2015.

PÉREZ QUINTANA, ENRIQUE. (2004). "Mercadotecnia Política". En Herrán, Eric (Editor), *Filosofía Política Contemporánea*. (pp. 85-103) México: Universidad Nacional Autónoma de México.

RODRÍGUEZ LABASTIDA, JAVIER. (2015) "Kumamoto y su estrategia digital: - dinero + innovación". Alto Nivel [en línea]. 12 de junio de 2015. [fecha de consulta 16 de agosto de 2015]. Disponible en:

http://www.altonivel.com.mx/51572-la-estrategia-digital-que-dio-el-triunfo-a-kumamoto.html

RODRÍGUEZ LABASTIDA, JAVIER. (2015) "Periscope pone 'En Vivo' a la política mexicana". Alto Nivel [en línea].]. 12 de junio de 2015. [fecha de consulta 16 de agosto de 2015]. Disponible en:

http://www.altonivel.com.mx/51544-periscope-pone-en-vivo-a-la-politica-mexicana.html

SÁNCHEZ RIVERA, ROBERTO. (2004). "La Comunicación Política". En Herrán, Eric (Editor), *Filosofía Política Contemporánea*. (pp. 59-84) México: Universidad Nacional Autónoma de México.

TOUSSAINT, FLORENCE. (2004). "Espacio público, medios de comunicación y democracia". En Herrán, Eric (Editor), *Filosofía Política Contemporánea*. México: Universidad Nacional Autónoma de México.

VILLEGAS, PAULINA. (2015) "El Bronco: Blunt, Frequently Vulgar, and Aiming to Run Nuevo León". The New York Times. 24 de mayo de 2015. [Fecha de consulta 23 de septiembre de 2015]. Disponible en: http://www.nytimes.com/2015/05/25/world/americas/el-bronco-blunt-frequently-obscene-and-aiming-to-run-nuevo-leon.html

WikipoliticaMX. (s.f). [Página Web] Recuperado el 18 de agosto de 2015. Disponible en: http://wikipolitica.mx/

El Multiculturalismo, ventaja competitiva e innovadora

Javier Olaf Sánchez Pérez

Hoy en día en el mercado global, muchas compañías están enfrentando nuevos obstáculos, y los enfrentan desde la diversidad cultural. Esta manifestación no solo se refiere a aprender a trabajar en un ambiente con una mezcla de culturas (donde para ello es necesario ser creativo), sino también a adoptar lo mejor en cuanto a valores y prácticas empresariales se refiere.

Mientras que para algunas organizaciones el capital humano multicultural es solo una herramienta, en algunas ocasiones líderes y directivos solo contemplan la existencia de diferentes culturas dentro de su organización, pero no saben cómo sacar el mayor provecho a esta.

Multiculturalismo

El significado de diferencia cultural se construye desde puntos de vista políticos, sociales y culturales. Se deben tomar en cuenta las nacionalidades, tipos de religión y etnias como variables importantes para encontrar una definición correcta. Fusionando este significado con la relación que existe entre cultura y capital humano, se puede encontrar una herramienta que refuerce el accionar dentro de una organización (Nash, 2001).

Es considerado también como una ideología político-social de la globalización de la masificación de la migración internacional. Por otro lado, el término también puede ser entendido como un modo de tratar a la diversidad cultural, un desafío moral o cierta especie de característica del postmodernismo; aunque muchos autores que tratan el tema, coinciden en que se fundamenta en el reconocimiento de derechos culturales dentro de un área de trabajo o estado-nación.

Emprendimiento

Se puede mencionar que el emprendimiento es aquella actitud y aptitud de la persona que le permite emprender nuevos retos o proyectos; es lo que muchas veces nos permite dar un paso más, ir más allá de donde ya se ha llegado. Puede tomarse también como aquello que hace que estemos insatisfechos con lo que ya hay, y en consecuencia, se abra una puerta para alcanzar mayores logros.

Matthews (2007) señala que la creatividad y el emprendimiento han sido reconocidos como contribuyentes importantes para la economía de una nación y su crecimiento. Sin embargo, comenta que vínculos entre ambos conceptos no han sido investigados aún ampliamente, a pesar de que comparten atributos durante el proceso de descubrimiento por parte de un individuo o grupo (ambos producen novedad y valor, como oportunidades de mercado).

Multiculturalismo, Emprendimiento y creatividad

Usar estas competencias multiculturales y el conocimiento de estas en empresas fundadas por inmigrantes incrementa su ventaja competitiva (Essers, 2009), ya experiencias como la australiana lo han mostrado (Brownlee, 2013).

Bagwell (2015, citado en Montiel y Rodríguez, 2015) comenta sobre el emprendimiento trasnacional, en donde estudia a negocios de origen vietnamita localizados en Londres, y aborda a aquellos emprendedores con la necesidad de viajar entre su país de origen y aquel de residencia para gestionar apropiadamente su negocio. Ello recuerda lo abordado por Montiel *et al.* (2012), sobre la migración forzada a la que han tenido que recurrir empresas localizadas en Ciudad Juárez, México, hacia El Paso, Texas, producto del período de violencia extrema que ocurrió en la primera durante los años de 2009-2012. Bagwell desarrolla un marco para medir el grado y la extensión de esta clase de emprendimiento, ya que sugiere que este es más común hoy de lo que estudios previos habían sugerido.

Si Aaker (1989) propone que los componentes para una buena estrategia de negocio son tres: 1. Analizar cómo competir utilizando productos estratégicos, posicionamiento y estrategias comprensivas. 2. Análisis del segmento de mercado competitivo y mercados. 3. Competencia basada en información, favoreciendo la creación de una ventaja competitiva sustentable a largo plazo, entonces el capital humano surge como fuente de una ventaja competitiva sustentable, y con ello la creatividad es indispensable.

Es así que la psicología se ha interesado en dar respuesta a la creatividad a partir de comprender al individuo como un ser biopsicosocial; el factor bio hace referencia a su naturaleza biológica, el factor psico hace referencia a lo que representa pensamientos, emociones y conductas que le permiten coexistir con el factor social, que es aquel del cual recibe influencias como consecuencia de la constante interacción con una contextualización cultural. Es decir, el modelo biopsicosocial postula que el factor biológico, el factor psicológico y los factores sociales desempeñan un papel significativo de la actividad humana, como lo es la creatividad.

Es importante entender cómo la creatividad se ha tratado de explicar a partir de diferentes ejes, los cuales hemos expuesto a lo largo de esta revisión, y que surge precisamente de estos factores anteriormente mencionados. Los mismos nos hablan de la importancia de tomarlos en cuenta de manera integral a la hora de tratar de generar una comprensión de la creatividad, emprendimiento y multiculturalismo, por tal motivo decidimos partir de una teoría concebida desde la psicología, la cual nos exhibe la relevancia de tomar en cuenta cuatro enfoques de la creatividad que a su vez se relacionan con estos factores biopsicosociales, y el emprendimiento y multiculturalismo.

El capital humano internacional es un bien estratégico (Carpenter, Sanders, Gregersen, 2001) y una ventaja competitiva sustentable para organizaciones multinacionales. Del mismo modo, empresas que han fracasado en trabajar y desarrollar este recurso como herramienta, pero cuentan con capital humano de diferentes países, no están tan lejos de obtener esta ventaja. Así, Obrador propone que la creatividad se asocia a la inteligencia, como la capacidad para plantear problemas nuevos, encontrar nuevos enfoques y decidir cuáles de los problemas planteados son más susceptibles de ser solucionados. Al respecto menciona:

"El pensamiento creador trata de establecer relaciones entre las distintas e innumerables unidades de información que nuestro cerebro percibe. La creatividad no está localizada específicamente en ninguno de los dos hemisferios. La percepción y la intuición del hemisferio derecho son tan esenciales en cualquier proceso creativo, como lo son la lógica y el razonamiento propios del hemisferio izquierdo. Cualquier proceso creativo utiliza los dos hemisferios" (Obradors, 2007: 67).

El desafío lo tienen los departamentos o personas encargadas de tomar decisiones para ver los mejores candidatos para los puestos estratégicos que pudieran requerir una persona hábil para manejar idiomas, desenvolverse correctamente en distintas culturas, y así darle un impulso a los tratos que tiene la organización en diversos aspectos, tales como su propia creatividad y emprendimiento.

Conclusiones

Unos de los activos más importantes que se pueden considerar fundamentales dentro del departamento de Recursos Humanos son la motivación, innovación, la creatividad y el trabajo en equipo. Razón por la cual es de vital importancia invertir y poner especial atención en el desarrollo del capital humano. Esto facilita a las organizaciones crear sistemas de la más alta calidad para identificar y desarrollar líderes capaces de manejar situaciones en distintos escenarios.

Los contrastes culturales y motivaciones en un espacio de trabajo multicultural pueden variar mucho en un espacio de tiempo corto. La motivación muchas veces depende del lenguaje y costumbres que se tienen en común, y debería ser clasificada como importante o no para beneficio de la organización. Los ejecutivos o líderes deben encontrar la manera de hacer que el conocimiento, prácticas y habilidades se unan para alcanzar los objetivos de la mejor manera con la mayor calidad posible, a pesar de diferencias culturales que pudieran presentarse como barreras. Las personas tienen que ver en el principio y final de los procesos, así que un buen engranaje en el accionar de todos enriquece los procesos organizacionales, y ese es un punto clave que la empresa busca para mantenerse altamente competitiva en comparación con sus más cercanos competidores. Es muy común en ambientes multiculturales la existencia de algunos contrastes en el capital humano que suelen ser muy naturales. Suelen aparecer como más comunes la diferencia de objetivos, imagen personal, nivel de participación, deficiencias en la comunicación verbal y no verbal, variabilidad en los valores personales, en primera instancia se pueden ver como deficiencias pero con el trato y manejo correcto pueden enriquecer procesos. Cada cultura tiene un rasgo característico que se puede tomar como una ventaja competitiva, tomando en cuenta el número de rasgos y clasificación de los mismos se puede definir qué tan substancial pueden ser. Equipos que cuentan con líderes que entienden y saben manejar las diferencias culturales a las que se enfrentan pueden tener menos problemas para hacer ver los objetivos y metas a todos por igual, dejando fuera las diferencias que interfieren directamente en los procesos y limitan la obtención de lo programado.

Bibliografía

ALBÓ, XAVIER (2014 en prensa), "Bolivia. Plurinacional e Intercultural", Coord. A. Barabas, *Multiculturalismo e Interculturalidad en América Latina*, México, INAH. 55-59.

BAGWELL, S. (2015). "Transnational Entrepreneurship among Vietnamesa Businesses in London". *Journal of Ethnic & Migration Studies*, 41(2), 329-349.

BROWNLEE P. (2013). "The Emergence of Australia's Business Migration Program and Entrepreneurial Diversity Policy", *The International Journal of Diversity in Oganizations, Communities and Nations: Annual Review*. 65-73.

DRUCKER, P. F., & DRUCKER, P. F. (1994). *Post-capitalist society*. Routledge.

ESSERS, C. (2009). *New Directions in Postheroic Entrepreneurship: Narratives of Gender and Ethnicity*. Copenhagen Business Press.

HOPENHAYN, M. (2002). "El reto de las identidades y la multiculturalidad". *Pensar Iberoamérica: Revista de cultura*, 1. 35-40.

MATTHEWS, J. H. (2007). "Creativity and Entrepreneurship: Potential Partners or Distant Cousins?". In Chapman, Ross, Eds. *Proceedings Managing Our Intellectual and Social Capital*: 21st ANZAM 2007 Conference, Sydney, Australia. 1-17

MEHRA, A. (1995). Strategic groups: a resource-based approach. *The Journal of Socio-Economics*, 23(4), 425-439.

MONTIEL, O., CERVANTES, D., ORDOÑEZ, L. (2012). *Global Conference on Business and Finance Proceedings. Psicoemprendimiento social: aproximación desde la intervención psicológica a emprendedores en una incubadora de empresas universitaria.* p. 1452-1463. USA: Institute for Business & Finance Research.

NASH, M. (2001). Diversidad, multiculturalismos e identidades: perspectivas de género. *Multiculturalismos y género. Un estudio interdisciplinar. Bellaterra (Barcelona)*, 21-47.

PORTER, M. E. (1991). *La ventaja competitiva de las naciones* (Vol. 1025). Vergara. 34-45

Análisis de la problemática social en el Área Metropolitana de Monterrey: Un estudio en 10 Colonias de alta incidencia del municipio de Monterrey, México

Javier Álvarez Bermúdez

Rogelio Rodríguez Hernández

La perspectiva del abordaje psicosocial

La investigación-intervención con comunidades presenta una serie de obstáculos metodológicos que van más allá de las dificultades propias del trabajo en entornos naturales o de laboratorio. De ahí que el conocimiento y empleo de unas adecuadas técnicas de investigación son el instrumento de análisis y de reflexión que le permite identificar lo que está en juego en su práctica y a través de ambas, la reflexión y la práctica, entenderlo para desarrollar una más eficaz intervención.

El diseño de una investigación psicosocial parte de un análisis de una determinada realidad social compleja e inmensa que va mucho más allá de los recursos con los que se cuenta para hacerle frente, por lo cual es pertinente una fundamentada y continua asesoría metodológica que le guíe en su jornada de investigación y práctica comunitaria, producto de su propio trabajo o de sus colegas.

La intervención con comunidades debe concebirse como un proceso continuo de intervención-evaluación, donde cada fase se convierte en una intervención en sí misma, destinada a alcanzar cada uno de los objetivos intermedios que preceden a la consecución del objetivo global que anima la elaboración de los proyectos. En la intervención comunitaria podemos diferenciar dos tipos: la intervención indirecta y la intervención directa. La primera hace referencia a las actuaciones de los profesionales en el entorno institucional con el que la comunidad se relaciona, de las entidades que pueden apoyar la intervención que se ha planteado. La intervención directa, sería la que se lleva cabo en y con la comunidad, ya que persistentemente tendremos que buscar la mayor participación posible de la gente para lograr la puesta en marcha y progreso del programa a través del tiempo, en función de las necesidades a resolver y los objetivos trazados.

En sí misma toda intervención involucra una forma de evaluación de acuerdo con las necesidades de la población objetivo: evaluación de necesidades, de viabilidad, accesibilidad, pertinencia, lógica, y así, una vez admitida la funcionalidad de los objetivos y del procedimiento a seguir pasaremos a la evaluación de la implementación, cobertura, transcurso y resultados finales de la intervención.

El proceso de evaluación es recoger datos sobre una realidad concreta, los cuales deben ser contrastados con preguntas de investigación o hipótesis previas sobre la incidencia, magnitud, y frecuencia de ciertas variables. La recogida de datos, ya sea de forma cualitativa o cuantitativa, es esencial en el campo aplicado y debe conducir todo el proceso de intervención. Para ello es necesario conocer y manejar una serie de técnicas que abarcan desde la intuición, la observación sistemática participativa o no participativa, la revisión bibliográfica, el meta-análisis, etc.

Dialogar de metodología en la intervención psicosocial es explicar la forma de realizar una actividad según un cierto número de principios y procedimientos que tienen una serie de requerimientos. Uno de ellos es posibilitar el avance del conocimiento científico; otro el desarrollo de una serie de herramientas de trabajo; además, el de examinar la capacidad de las intervenciones en la comunidad y mejorarlas; conducir el proceso operativo, es decir, a través de estrategias que consideren la realidad de la situación, la pertinencia de los medios empleados y su adecuación con los fines propuestos.

Pensamos, desde una perspectiva de la salud pública, que la problemática social debe interpretarse como un fenómeno predecible y, por lo tanto, prevenible. En la intervención de las problemáticas sociales debe partirse desde, y llegar a, datos objetivos, los cuales guiarán todo el proceso de implementación de los programas y proyectos.

La ciudad moderna: una gran problemática social

Los problemas de las grandes ciudades como Monterrey y su área metropolitana crecen conforme se desarrolla la urbanización y se hace más compleja la dinámica social, es decir, responden a una lógica de la formación y desarrollo social. Asimismo existen barreras inherentes a la propia estructura social que obstaculizan estudiar los efectos de la problemática social sobre las condiciones de salud de la población, tal es el caso de la violencia intrafamiliar, los suicidios y los pleitos entre los amigos.

La salud pública considera a la problemática social como una dificultad de salud que se traduce en muertes, enfermedad y disminución en la calidad de vida. Por este motivo se orienta a identificar las personas, grupos y comunidades de alto riesgo y al desarrollo de programas y estrategias de prevención comunitarias. Debido a que los problemas comunitarios generan daños psicológicos, físicos, discapacidades y diversas secuelas, un gran número de años de vida potencial se pierden y disminuye la calidad de vida.

En la población se reflejan una serie de factores de riesgo que van desde hábitos inadecuados de alimentación (Álvarez,

2004), el consumo de tabaco, alcohol, drogas y el que las muertes se presentan principalmente en la vía pública. La identificación de los factores de riesgo presentes en la problemática social debe orientar hacia la aplicación de intervenciones que ayuden a la solución del problema social e individualmente. Esa identificación nos permitirá coordinar de mejor forma los objetivos y recursos con los que se cuenta para poner en marcha programas educativos, preventivos, de apoyo e intervención específicos.

Una idea básica de todas las intervenciones sociales es que la problemática social es el resultado de un proceso que tiene que ver con la forma en que el ser humano organiza su vida, en cómo construye una serie de valores, familiares, grupales y comunitarios respecto a la vida, la enfermedad y la muerte, las relaciones familiares, la seguridad física, la vivienda y los estilos de vida. Por tal motivo se considera que es necesario trabajar en propuestas que aporten soluciones a las dificultades, a fin de que se toquen las raíces de tan seria problemática.

Infinidad de investigaciones han descrito los principales problemas sociales como la carestía de las viviendas, del alquiler y las condiciones insalubres, problemas de desviación social como el crimen, el juego, la prostitución, el alcoholismo, y en general el ambiente de degradación social. Se destaca el papel de la concentración de la pobreza en áreas degradadas y la discriminación. Las áreas urbanas degradadas se caracterizan por los grandes movimientos migratorios y el dinamismo social, asimismo la imposibilidad de entrar en el mercado laboral y de concentrar las patologías urbanas inherentes a toda la ciudad. La descripción de dichas patologías es la habitual: pobreza, deterioro de la vivienda, hacinamiento, bajo nivel cultural y elevada desviación social. Este es el "ambiente" que crea las dificultades de progreso individual, la cultura de la pobreza y el círculo de la pobreza.

En el caso del presente estudio desarrollado en Monterrey, las condiciones de vida reales de las personas estudiadas, como son los altos niveles de violencia social, el pandillerismo, el consumo de alcohol y drogas, etc., atentan y erosionan la unidad familiar. Esto tiene un impacto mayor en aquellas familias que poseen menos recursos para hacerle frente a dicha situación. Las condiciones adversas crean inestabilidad familiar, y esta, mal manejada, llevará a la disolución de matrimonios, al abandono, y la falta de figura de autoridad pertinente entre los jóvenes llevará al pandillerismo y consumo de drogas. A su vez, la inestabilidad familiar favorece la desviación social, la sexualidad precoz, el abandono en los estudios, la drogadicción, la delincuencia, etc.

El actual incremento de la polarización social producto de los cambios económicos y territoriales de finales de siglo XX, se articula con los temas centrales de los debates sobre la pobreza urbana, especialmente la pobreza como reflejo de los cambios en la estructura urbana de las ciudades. Los análisis sobre los cambios en la estructura urbana han planteado el surgimiento de una ciudad estructurada en: la ciudad del lujo, la ciudad suburbana de las clases medias, la población de la clase baja trabajadora y los guetos de los muy pobres.

Al considerar los puntos de vista revisados podemos considerar tres ideas fundamentales:

1. La pobreza urbana como producto de la transformación urbana. El supuesto básico es que en nuestra ciudad el área urbana en expansión y crecimiento durante los primeros siglos se convierte en punto de llegada de inmigrantes que, desde condiciones inicialmente precarias, van adaptándose a las

normas de vida urbanas y acogiéndose a las oportunidades que les ofrece la ciudad. Esta zona en transición, la cual es inestable y en permanente proceso de recomposición física y social, concentra los mayores problemas sociales. Las áreas degradadas se definen clásicamente por niveles de renta más bajas.

2. Una perspectiva de clase que explica principalmente las situaciones de pobreza producto de la división de clases, de ahí que se reconoce una mayor concentración de los problemas en las clases bajas.

3. Las transformaciones en el mercado de trabajo, los espacios geográficos, las condiciones económicas, del uso de los espaciales, de los últimos tiempos.

Adecuar los programas sociales de intervención a los escenarios en los que son aplicados, constituye otra de las características que pueden garantizar su éxito. Desde este punto de vista la familia, la escuela y en general todas las instituciones sociales son consideradas ámbitos privilegiados de prevención e intervención social.

Monterrey y desarrollo urbano

A partir de la segunda mitad del siglo XX los países de Latinoamérica vivieron un proceso masivo de urbanización, teniendo como consecuencia que en México, para el año 2000, poco más del 60 % de la población vivía en ciudades de más de 15 000 habitantes (Consejo Nacional de Población, 2001). Esto en las grandes urbes, a la par que el surgimiento de grandes zonas de exclusión y marginación donde problemas tales como el hacinamiento, el transporte, el desempleo, la pobreza, el crimen y la violencia se ven aumentados. Respecto a estos últimos problemas se tiene documentado que el índice de muertes violentas en México y Latinoamérica está entre los más altos del mundo (Organización Mundial de la Salud, 2014).

Lo anterior está relacionado con la percepción de inseguridad sobre el ambiente en el que se vive. En esta área se ha encontrado que el 67,9 % de la población en México percibe a su ciudad como insegura, y el 67 % manifiesta haber presenciado o escuchado robos o asaltos en los alrededores de su vivienda (INEGI, 2015). En Latinoamérica en general, y México en particular, una de las principales preocupaciones de las poblaciones es acerca de la criminalidad y la delincuencia (Latinbarómetro, 2013).

La violencia tiene una serie de costos, no solo materiales, como los relacionados con la pérdida de la salud, los daños a propiedades, etc., sino también intangibles. En estos se incluye el miedo, el cual representa una parte importante de las consecuencias de los actos violentos (Rubio, 1998). El vivir con temor a ser atacado o que los familiares puedan serlo se traduce en una pérdida de la calidad de vida y del bienestar subjetivo.

La violencia urbana: parte de nuestro estilo y calidad de vida

La propensión por parte de las personas a realizar conductas de riesgo como la ingesta inadecuada e inmoderada de alimentos, la conducta de fumar, de ingerir alcohol o drogas, de conducir a exceso de velocidad y alcoholizado, las conductas sexuales no seguras, embarazos en edades de riesgo, así como el suicidio, homicidio, violencia social y familiar, depresión, estrés, etc., ha hecho evidente que el repertorio de comportamientos tiene importancia, al igual que los microorganismos como factor relevante en la morbilidad y mortalidad.

Los modos de vida social, la accesibilidad a la paz y/o a la violencia, los riesgos ambientales, los alimentos que consumimos, el tipo de vida productiva, la distribución de los recursos socioeconómicos, el espacio público en el que se vive y el cómo se relacionan las personas tienen una influencia en los comportamientos y la calidad de vida de las mismas.

La psicología de carácter comunitario parte del hecho de que el modelo clásico de atención a la salud mental, caracterizado por la lista de espera y la atención de consultorio se transforma en un modelo activo de búsqueda de problemáticas en la comunidad, que se enfoca a estudiar de forma activa problemas psicológicos de amplio espectro social, tales como la violencia social, la violencia familiar y/o el suicidio. Se busca que las transformaciones no sean solo de la mente de las personas, sino también de los roles sociales y de las condiciones de vida de las personas. Para esto se parte de tres dimensiones básicas:

1. **Dimensión Ecológica**, ver las características de la relación de las personas con el ambiente físico-químico, biológico y sociocultural y los problemas derivados de esta relación.

2. **Dimensión de Participación**, partiendo del principio de involucrar a las personas a que sean activas en la consecución de la salud, y de que todas las personas tienen el potencial de actuar en pro de la salud.

3. **Dimensión de Prevención y Promoción de la salud**, para prever que se produzcan comportamientos que determinan

problemas de salud anticipándonos a ellos a través del estudio de los factores de riesgo.

Otro aspecto a considerar en el diseño de estrategias de prevención e intervención comunitaria son las características de la cultura subjetiva del grupo con el cual se quiere prevenir o intervenir. Los grupos sociales y/o étnicos tienen actitudes, expectativas y normas que difieren de las de los miembros de otros grupos. Es decir, tienen diferencias o afinidades con grupos de su propia cultura como con grupos de otras culturas.

Problemática familiar: el caso Monterrey

De los diversos factores sociales involucrados en el desarrollo de las personas, se argumenta que la crianza juega un papel importante en la génesis del pensamiento infantil y en el desarrollo de las capacidades mentales y la personalidad. Algunos datos al respecto muestran que si bien existe una relación entre las experiencias tempranas y la personalidad adulta, esta relación es compleja con efectos a corto, mediano y largo plazos y dependerá de heterogéneos factores. De la misma forma se ha debatido acerca de la cuestión de cómo aparecen las diferencias individuales dentro de las mismas pautas culturales y sociales. Puesto que si bien podemos estar expuestos a similares cánones o ritos actuales, las formas de interpretarlos e interactuar ante ellos difieren. Se han estudiado factores como los efectos de la pertenencia a una clase en relación con las características psicológicas de los miembros, y se ha encontrado una tendencia respecto a que el sistema educativo de la clase media posee mayor rigidez que el de la clase baja, lo cual tiene efectos en cuanto a una mayor presión social en el aprendizaje.

Estos resultados nos hablan de que la cultura ofrece un amplio bagaje de concepciones que se transmiten mediante las múltiples interacciones que establecen los sujetos en los contextos sociales próximos. No obstante el papel de la cultura queda regulado por los mecanismos de elaboración de la información que caracterizan el procesamiento humano. Esto se demuestra al analizar, a partir de un conjunto de teorías de gran raigambre cultural, las mezclas *sui generis* de teorías que elaboran y actúan los padres (Álvarez, 2002).

Los cambios sociales y parentales nos han mostrado que la familia no es un fenómeno pasivo en las mutaciones sociales sino un actor dinámico que contribuye a definir las formas, las direcciones y los detalles del cambio social; la familia se transforma, se adapta a las circunstancias (Álvarez, 1998). Un elemento importante a considerar dentro de esto es el referido a los cambios en el interés que las personas demuestran por los ahora no tan homogéneos tipos de vida familiar y las representaciones que tienen acerca de la misma. Las representaciones que las personas hacen acerca de la vida familiar nos permitirán abordar la cuestión de la familia como un problema de fraternidad, es decir, de cómo se organizan los vínculos entre las personas y en función de qué. Lo que nos lleva a dirigir la mirada a, por una parte, cómo se integran las personas a la vasta red de creencias y valores que son parte de la cultura de toda sociedad, puesto que estas se derivan de las condiciones sociales y las relaciones que los individuos establecen entre sí; por otra, cómo las personas regulan simultáneamente sus procesos intrapersonales, sus relaciones interpersonales, sus relaciones grupales tanto familiares, con pares, en el trabajo, en la escuela, etc., es decir, las personas en sus relaciones con lo establecido (Álvarez, 2003).

Se puede señalar que la aparición de conflictos, producto de la situación social que cada familia atraviesa y de las diferentes representaciones que cada miembro de la familia tenga de la situación doméstica, introduce un cúmulo de presiones que pueden conducir a cambios que van desde la disolución de la unidad familiar hasta un incremento en la cohesión y bienestar de sus miembros. Las relaciones familiares se ven expuestas a cambios producidos por causas especiales del tipo de interacción y conflictos derivados de ellas, así como las formas en que las personas se los explican y las estrategias para afrontar el estrés que de esto se deriva, lo cual también va asociado a los retos que la vida cotidiana plantea a los miembros de las familias (Álvarez, 2003).

La imagen que se tenga de la familia puede analizarse como un conjunto de variables para estudiar las respuestas hacia los conflictos familiares. Se observa cómo la familia está enmarcada y dependiente de un contexto social, la familia existe en un particular punto en la historia de su propia cultura y la cultura establece los valores, los recursos y las normas de comportamiento. Estos valores y roles de comportamiento a la vez están asociados a aspectos como la clase social, la edad, el sexo, etc. (Álvarez, 1998, 2003; Díaz-Guerrero, 2003). De ahí que también factores como el ciclo de vida del individuo y de la familia, y los efectos relacionados con el desarrollo son esenciales para comprender la forma en que la familia responde ante el conflicto, su patrón y formas de ajuste.

Nuestra investigación considera plausible líneas de investigación que orienten hacia soluciones para los problemas prácticos que ayuden a las familias en general, y a aquellas que están en riesgo. Proponer un sistema de referencia sobre el cual se puedan generar interrogaciones y desarrollar métodos para el estudio de familias en fraternidad y en aquellas que estén enfrentando conflictos entre sus miembros. Elementos estos que sirvan como dispositivo para describir las relaciones entre diferentes niveles sociales, familiares y psicológicos y los tipos de conflicto y soluciones que se generan (Álvarez, 2003).

Las personas se relacionan con su medio procesando constantemente los estímulos disponibles en el ambiente. Seleccionando e interpretando la información disponible, en un proceso de elaboración de categorías básicas y complejas cuya función principal es la ordenar la información y hacerla más accesible a través de condensarla cognitivamente y anclarla socialmente. Se construyen complejas formas de organización cognitiva que les permiten construir generalizaciones de clases, de planos, de rutinas, las cuales utilizan para orientar sus comportamientos cotidianos (Álvarez, 2003).

Pero todas las personas están insertas en grupos sociales y se ven influenciadas por las diversas explicaciones que los grupos construyen ante algún fenómeno que les es relevante, es decir, sus creencias sociales, sus representaciones. Estas creencias y representaciones se elaboran dentro de un contexto intergrupal dinámico, y a través de ellas los grupos delimitan el significado que dan al fenómeno (Páez y Vergara, 1992). Estos significados forman parte de los intereses y fines particulares de cada uno de los grupos. La dilucidación tanto de los comportamientos como de las razonamientos que exponen las personas para llevarlos a cabo debe incluir la explicación de cómo el contexto ideológico cultural marca a las sujetos determinados estilos de vida; así como conocer los niveles de influencia de los comportamientos alentados por la cultura, los medios de comunicación y las normas morales.

Estos datos nos hablan de que la cultura ofrece un amplio bagaje de concepciones que se transmiten mediante las múltiples interacciones que establecen los sujetos en los contextos sociales próximos. No obstante, el papel de la cultura queda regulado por los mecanismos de elaboración de la información que caracterizan el procesamiento humano. Esto se demuestra al analizar, a partir de un conjunto de creencias de gran raigambre cultural, las mezclas *sui generis* de teorías que elaboran y actúan las personas (Álvarez, 2002, 2003, 2004).

En el funcionamiento de las comunidades en extrema pobreza se ha descubierto que las mujeres sustentan los nexos más fuertes de las redes sociales, la participación más activa en la consecución de servicios, en la administración de la economía familiar, etc. (Velázquez, 1992; Velasco, 1995), es decir, en aspectos que no registran los indicadores económicos formales, pero sí los estudiosos de las comunidades.

Las variables y dimensiones de estudio a considerar en la encuesta son:

- Opinión sobre la problemática social.
- Percepción de causas y efectos de la problemática social.
- Explicaciones acerca de factores percibidos de la problemática social.
- Variables Socioeconómicas Básicas.
- Variables demográficas (grupo, edad, sexo).

Muestra

Para el presente estudio se consideraron las 10 colonias reportadas con más índice de problemáticas sociales como robos, actos violentos, problemas de drogas, etc., por la

Dirección de Prevención del Delito de la Secretaría de Seguridad Pública.

Tabla 1. Distribución de cuestionarios en los barrios estudiados.

Colonia Fomerrey 35.	142
Colonia Unidad Pedreras.	265
Colonias Fomerrey 113 y 115.	173
Colonia Independencia.	242
Colonia Burócratas Municipales.	142
Colonia San Ángel Sur.	134
Colonia Rafael Buelna.	146
Colonia CROC.	156
Total:	1400

Sujetos

El criterio de inclusión fue ser mayor de edad, encontrarse en el domicilio, vivir en él y tener más de un año de vida en el barrio. En total, se aplicaron 1 400 cuestionarios de 81 preguntas a igual número de habitantes de las colonias. En la tabla número uno es posible apreciar sus características más sobresalientes. En síntesis, las personas entrevistadas para el presente estudio son personas de edad media (41,1 años), predominantemente mujeres (en proporción de 3 a 1), sobre todo casadas (3 a 1 en relación con otro tipo de unión), y con niveles de estudios básicos, y pertenecer a una familia nuclear o extendida. La media de habitar el barrio fue de 21 años y la mayoría fue propietario de la vivienda, lo cual avala una opinión de conocimiento de la situación de la colonia.

Tabla 2. Datos sociodemográficos de las personas encuestadas

	Media	Desviación estándar
Edad	41,1	15,54
Tiempo de vivir en el barrio	21	10
		%
Sexo		
Mujer		76 %
Hombre		
Estado civil		
Soltero		16 %
Casado		72 %
Unión libre		4 %
Divorciado		3 %
Viudo		5 %
Nivel de estudios		
Primaria o menos		42 %
Secundaria		33 %
Preparatoria y carrera técnica		17 %
Estudios universitarios (completos o inconclusos)		8 %
Propietario de la vivienda		75 %

Tipo de familia	
Persona sola	5 %
Pareja sola	5 %
Pareja con hijos	52 %
Familia compuesta	38 %

Instrumento

El cuestionario que se aplicó para conocer las opiniones que tienen los vecinos acerca de los problemas más preocupantes de sus colonias constó de 81 preguntas que exploraban las siguientes dimensiones de estudio:

1. El deterioro de la imagen del barrio y depreciación urbana.
2. Los problemas de violencia en el barrio.
3. Características de las relaciones vecinales.
4. Características de las relaciones familiares.
5. Presencia y uso de drogas licitas e ilícitas y problemas de salud.
6. La actuación policíaca.
7. Aspectos prioritarios de la problemática social.
8. Datos sociodemográficos.

Análisis de los resultados

Se realizaron una serie de análisis de frecuencias para ver las categorías de respuestas a cada una de las preguntas planteadas en el cuestionario. Las respuestas fueron categorizadas por contenido y sinonimia, que son las que aparecen en los gráficos.

Deterioro de la imagen del barrio y depreciación urbana

Un primer aspecto abordado en el estudio es el referente a la imagen que los pobladores tienen de su barrio y a la opinión sobre su deterioro. Tal y como se muestra en la tabla uno, poco más de la mitad de los encuestados (53 %) tenían una imagen regular del lugar donde vivían. De forma relacionada, ese mismo porcentaje de encuestados consideraban a su barrio como una mala imagen para los niños y adolescentes, además de pensar que en el barrio hay paredes rayadas y maltrato de casas. Sin embargo, fueron una minoría los encuestados que opinaron que los problemas del barrio han provocado la huida de negocios y el abandono de las escuelas (véase la tabla 3).

Tabla 3. Imagen del barrio entre los pobladores

	Nada	Poco	Regular	Mucho
¿En el barrio se han producido rayaduras de paredes, cristales rotos y maltrato a las casas?	21	19	26	35
¿Los problemas del barrio han ahuyentado los negocios de esparcimiento familiar?	65	12	12	11
¿Los problemas del barrio han provocado el abandono y lejanía de	73	11	9	6

las escuelas?				
¿Considera al barrio una mala imagen para niños y adolescentes?	32	15	28	25
	Mala	Regular	Buena	Muy buena
¿Qué imagen tiene usted de su barrio?	13	53	31	3

Al explorar las causas percibidas de la mala imagen de su barrio y la opinión sobre las soluciones para mejorarla, la opinión mayoritaria fue la de atribuir a los jóvenes el origen de los problemas del barrio, ya sea por la reunión de pandilleros (47 %) o por la presencia de jóvenes drogándose (31 %). El total de las principales categorías de respuesta se aprecian en la figura 1. Asimismo, se indagó sobre las propuestas de solución que los encuestados tenían para la mala imagen del barrio donde vivían. En este sentido, casi la mitad de las personas entrevistadas (47 %) mencionó que la solución pasaba por una mayor vigilancia y presencia policiaca en las calles (véase la figura 2).

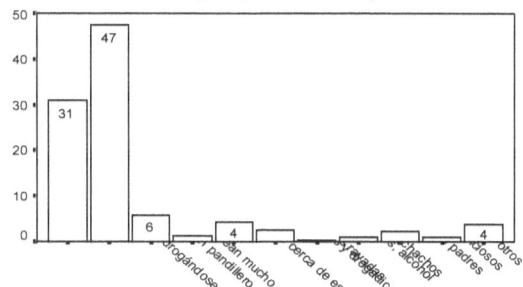

Figura 1. Causas percibidas de la mala imagen del barrio para niños y adolescentes.

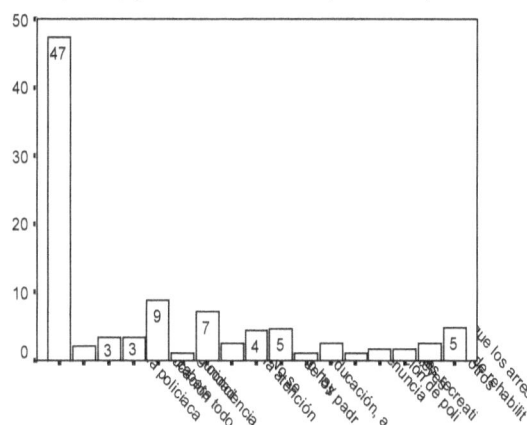

Figura 2. Propuestas de solución para la mala imagen del barrio.

Problemas de violencia en el barrio

Un apartado de la encuesta buscó conocer las percepciones sobre la violencia, las agresiones y los asaltos existentes en la comunidad. De esta manera, entre el 41 % y el 58 % de las personas encuestadas considera que existe de forma regular o excesiva pleitos, atracos, agresividad y lenguaje vulgar en las calles de su barrio. Por el contrario, una minoría de los entrevistados (22 %) mantiene la opinión de que las agresiones existentes en las calles se dirigen a las mujeres. Como sucedió para el problema de la imagen de sus comunidades, la solución propuesta por la mayoría de los encuestados es la actuación de las autoridades por medio de la vigilancia y la seguridad (58 %).

Tabla 4. Percepción sobre violencia en el barrio.

	Nada	Poco	Regular	Mucho
¿En el barrio hay pleitos y actos de violencia?	33	23	25	19
¿En el barrio se han producido atracos?	35	23	23	18
¿Hay un lenguaje vulgar, agresividad, violencia, etc., por parte de niños y adolescentes?	27	15	25	33
¿Existen agresiones a las mujeres en las	66	13	15	7

calles?

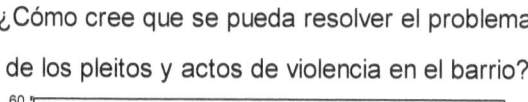

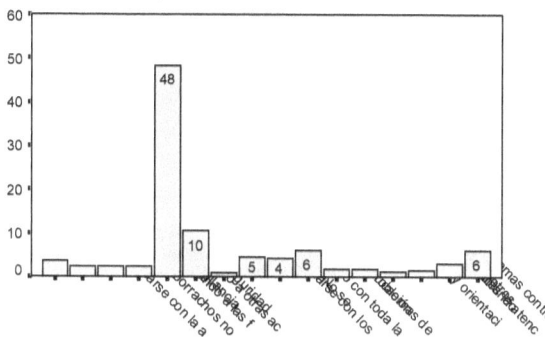

Figura 3. Propuestas de solución para el problema de la violencia callejera en el barrio.

En la percepción de las causas de los atracos y las ideas que los pobladores tienen para su solución aparece de nueva cuenta la atribución a los jóvenes (pandilleros y drogadictos) y la vigilancia como la solución a dicho problema (véase las figuras las gráficas). Específicamente, la presencia de pandilleros en las calles (20 %) y drogadictos (19 %) fueron las principales causas atribuidas de los asaltos en el barrio. Asimismo, 59 % de los encuestados opinaron que la vigilancia era la solución para este tipo de problemas (véase la figura 5 para apreciar el total de categorías mencionadas).

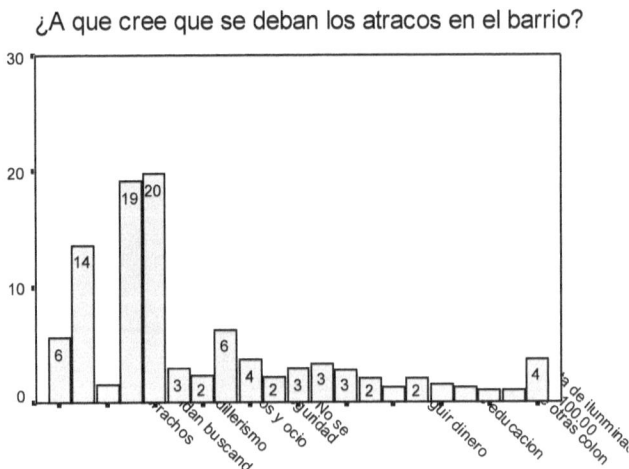

Figura 4. Atribuciones a los asaltos en el barrio.

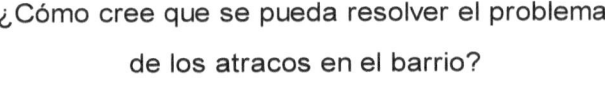
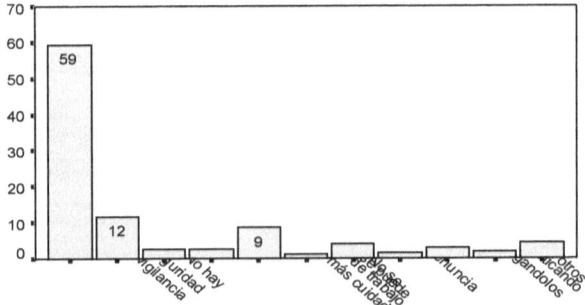

Figura 5. Propuestas de solución al problema de los asaltos en el barrio.

Relaciones vecinales

Otro aspecto abordado en el instrumento aplicado es el relativo a las relaciones vecinales en las comunidades estudiadas. De forma específica, se inquirió sobre la existencia de conflictos y distanciamiento entre los vecinos, así como el ambiente de inseguridad para niños y ancianos. Al respecto, las opiniones mayoritarias fueron que no existen o existen pocos pleitos y conflictos entre los vecinos (65 % y 17 %, respectivamente); además, un 65 % opinó que no existe distanciamiento entre los vecinos. No obstante, hubo alrededor de una mitad de encuestados que piensa que el ambiente del barrio es inseguro para niños y ancianos.

Tabla 5. Percepción de conflictos y distanciamiento entre vecinos.

	Nada	Poco	Regular	Mucho
¿En el barrio hay conflictos y pleitos entre vecinos?	65	17	13	5
¿Existe, debido al ambiente del barrio, distanciamiento entre amigos y vecinos?	65	14	14	7
¿El ambiente del barrio es inseguro tanto para niños como jóvenes y ancianos, por lo cual no se puede salir en la noche?	35	15	23	26

Al indagar sobre los tipos de conflictos existentes, los encuestados mencionaron que entre los mismos por una amplia variedad de razones, aunque sobresalían los chismes (12 %) y niños que pelean (9 %). Sin embargo, la opinión predominante fue que no había diferencias entre los habitantes. Por lo que respecta a las soluciones que proponían para dichos conflictos, se pensó en mayor porcentaje en la comunicación (31 %).

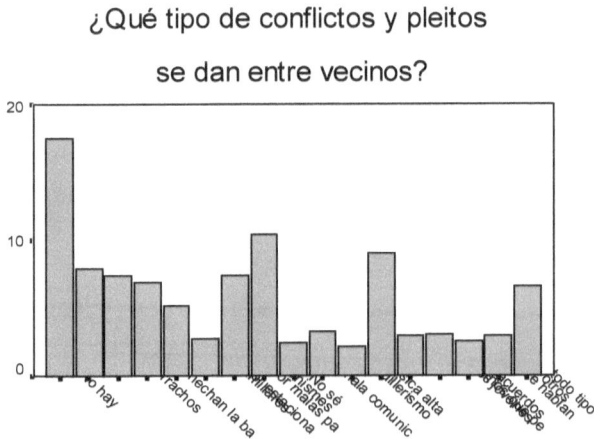

Figura 6. Tipos de conflicto y peleas entre vecinos más mencionados.

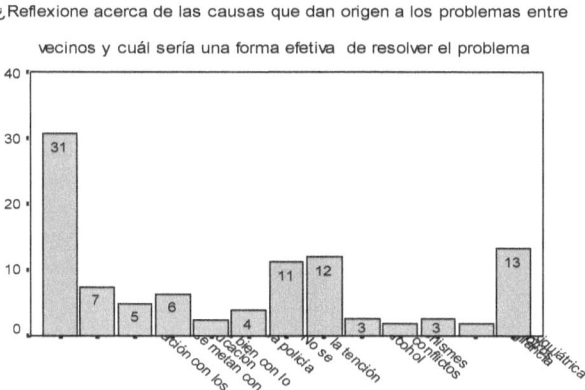

Figura 7. Causas percibidas de los conflictos vecinales

Por otra parte, en lo referente a las atribuciones causales a la inseguridad que los vecinos refieren, la opinión predominante fue que la misma se debe al pandillerismo (41 %). En tanto, la solución que proponían al problema de inseguridad estuvo, de nueva cuenta, en la vigilancia policiaca (58 %).

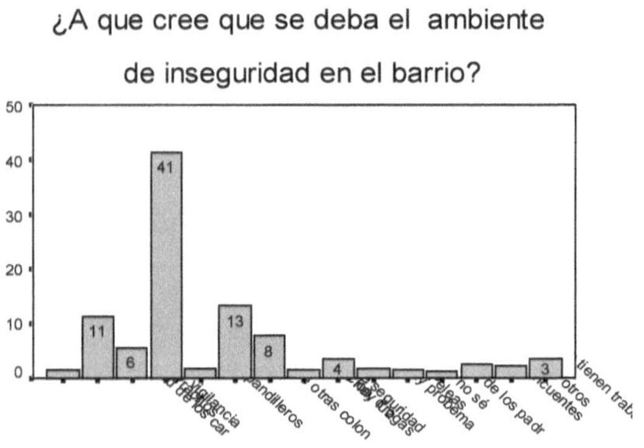

Figura 8. Causas percibidas de la inseguridad en el barrio

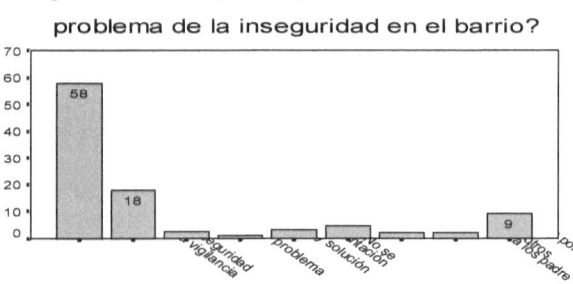

Figura 9. Propuestas de soluciones de los problemas de seguridad en el barrio

Relaciones familiares

En el cuestionario aplicado no solo se abordaron las percepciones sobre los problemas comunitarios, sino que además se exploraron algunos tópicos relacionados con las relaciones familiares y su interacción con la vida en la comunidad. En este sentido, el 35 % de las personas mencionó que en las familias existen, en diversos grados, problemas debido al ambiente del barrio. Concretamente, expresaron que esto a dicho ambiente se deben los problemas más frecuentes: el consumo de alcohol (20 %), problemas económicos (16 %) y las discusiones entre familiares (8 %). Los encuestados propusieron como formas de solucionar los conflictos familiares que las autoridades hablaran con ellos (32 %), darles trabajo (11 %) y el que actuara el DIF (9 %) o la policía (9 %). Asimismo, comentaron que los problemas del barrio que más afectan a las familias son las pandillas (29 %), la drogadicción (18%), el alcoholismo (10 %) y la violencia (10 %).

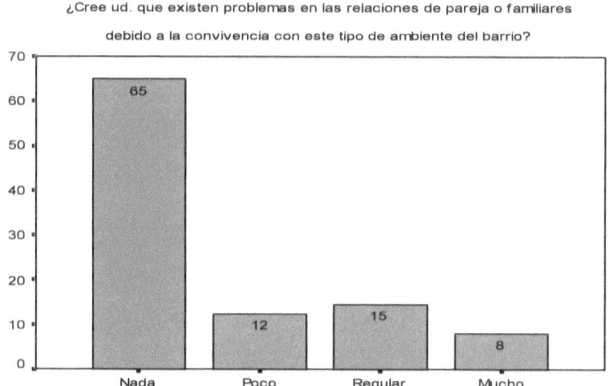

Figura 10. Percepción de problemas familiares debido al ambiente del barrio

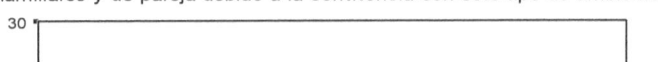
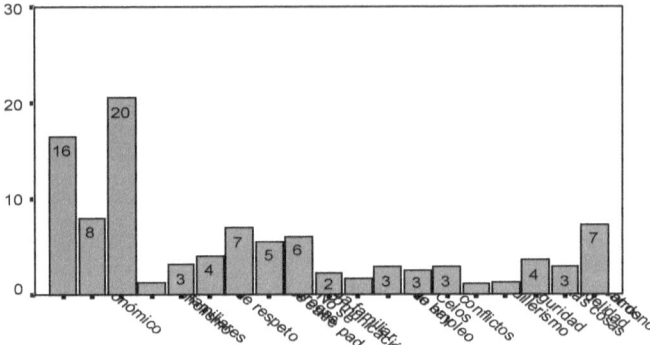

Figura 11. Problema o conflicto familiar más frecuente debido al ambiente del barrio

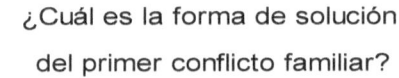
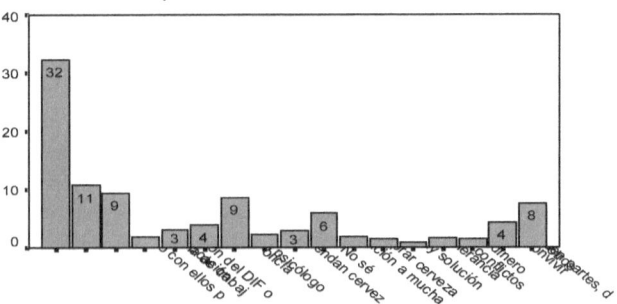

Figura 12. Propuestas de solución más mencionadas por los problemas familiares mencionados.

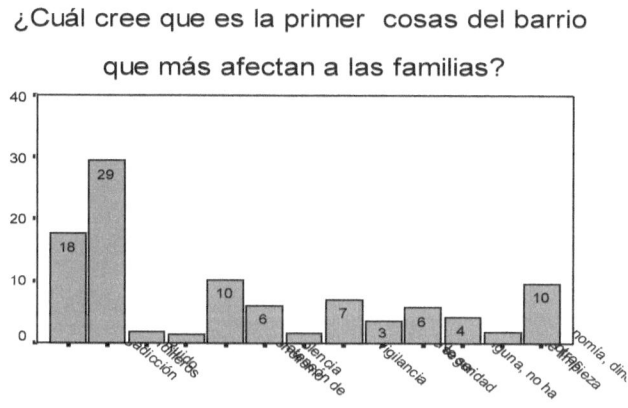

Figura 13. Aspectos del barrio que más afectan a las familias según los encuestados

Drogas lícitas e ilícitas y problemas de salud

Con respecto al consumo de drogas en las comunidades, se encontró que el 59 % de las personas indicaron que ha aumentado el consumo de alcohol en la vía pública, y casi seis de cada diez encuestados consideran que en el barrio existe el consumo de drogas, así como traficantes. En cuanto a las causas del aumento de consumo de alcohol en la vía pública, el 34 % se refirió a que venden alcohol a todas horas, el 7 % porque hay mucho vicio de alcohol, el 6 % por la falta de vigilancia, entre las más relatadas. Las soluciones propuestas para el aumento en el consumo de drogas fueron el "que pongan un alto" (39 %) y la vigilancia policiaca (32 %).

Tabla 6

Percepción del consumo de alcohol y drogas en el barrio

	Nada	Poco	Regular	Mucho
¿Se ha provocado un aumento de consumo de alcohol en la vía pública?	41	15	22	23
¿Hay en el barrio consumo de drogas y presencia de traficantes?	30	15	28	30

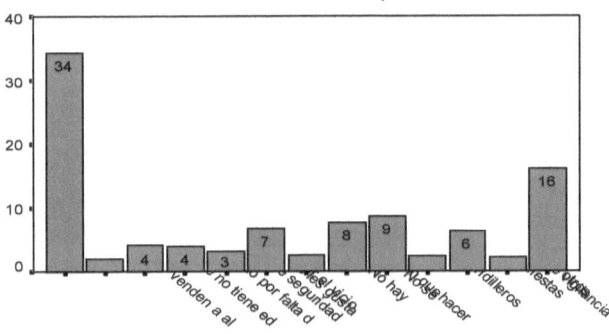

Figura 14. Atribuciones sobre el consumo de alcohol y drogas en el barrio

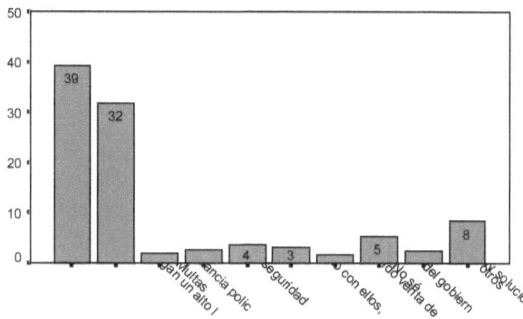

Figura 15. Propuestas de solución para el consumo de alcohol y drogas en el barrio

Asimismo, el 70 % de los vecinos señaló que existe consumo de drogas y presencia de traficantes en el barrio. Tocante a los motivos del aumento de consumo de drogas en el barrio se plantearon una amplia variedad de argumentos, tales como el que se consiguen con facilidad en el barrio (15 %), la falta de atención de los padres (14 %), los pandilleros (9 %) y la falta de vigilancia (8 %). Al pedirles que nos dieran su sentir respecto a cómo se podía ayudar a las personas del barrio que usan drogas, propusieron internarlos en instituciones para su rehabilitación (37 %), darles terapia psicológica (15 %) y orientarlos (14 %).

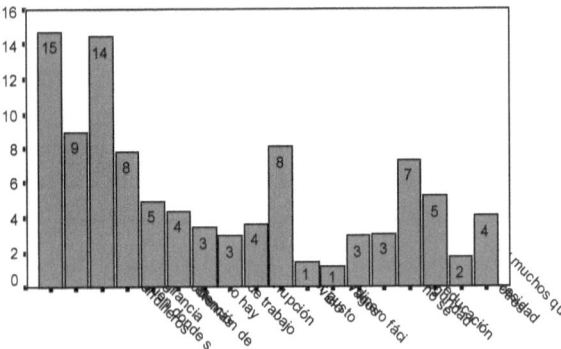

Figura 16. Percepción de las causas del consumo de drogas y presencia de traficantes en el barrio

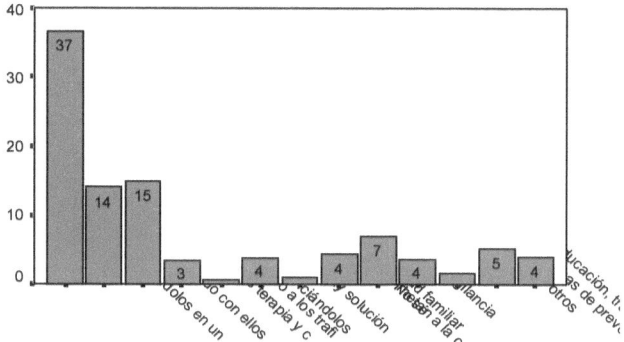

Figura 16. Propuestas de solución para el consumo de drogas en el barri

Actuación policíaca

El último tema abordado en la encuesta fue el relativo a la actuación policiaca y la participación comunitaria para hacer frente a los problemas de la comunidad. En este sentido, la mayoría de las personas opinó que la vigilancia de la policía era más bien poca o nula (63 %), y poco más de la mitad de los encuestados (54 %) consideraba que los vecinos no se habían acercado a la policía para hablar de los problemas del barrio. Sin embargo, el 77 % de los encuestados opinó que estaría dispuesto a colaborar en la vigilancia y seguridad del barrio.

Tabla 7

Opinión de los encuestados acerca de la presencia policiaca en el barrio

	Nada	Poco	Regular	Mucho
¿Existe vigilancia de la	24	39	29	8

	Sí	No
policía en la colonia? ¿Los vecinos se han acercado a la policía para hablar de los problemas del barrio y colaborar en la vigilancia y seguridad del mismo?	46	54
¿Estaría dispuesto a colaborar en la vigilancia y seguridad del barrio?	77	22

Conclusiones

Las personas entrevistadas para el presente estudio de la problemática social en colonias de alto índice delictivo fueron de edad media, preponderantemente mujeres, sobre todo casadas y con un nivel de estudios básicos; pertenecientes la mayoría a una familia nuclear o extendida, teniendo de vida en el barrio más de dos décadas, y en general propietarios de su vivienda. El tiempo de habitar la comunidad nos permite pensar que las personas tienen conocimiento de la situación de la colonia.

La presente investigación muestra los problemas sociales desde la perspectiva y vivencias de los propios habitantes de las comunidades investigadas. Esto es importante porque permite conocer los valores, expectativas y prioridades de las personas, lo cual es una parte fundamental de los diagnósticos que pretendan servir de base para las políticas e intervenciones sociales que busquen mejorar el ambiente de convivencia y seguridad de las comunidades. Pero no solamente la información recabada tiene utilidad para la intervención comunitaria, sino que también puede servir para seguir conociendo la manera en que las comunidades elaboran y construyen los objetos con los que interactúan en su vida cotidiana.

En cuanto a los contenidos de las representaciones sociales de los problemas sociales, el estudio reveló que la mayoría de los encuestados tiene una mala imagen del barrio donde habitan y consideran que el mismo es una mala imagen para niños y adolescentes. En parte, esta mala imagen se expresa en el hecho de que una proporción importante de los encuestados mencionó que existía rayaduras de paredes y maltrato a las casas. A pesar de que se mencionaron una amplia variedad de causas de esa mala imagen del barrio, la opinión predominante fue que los jóvenes pandilleros eran la razón al respecto. Cuando se les cuestionaba sobre las soluciones para la mala imagen de sus comunidades, la mayoría formuló que una mayor presencia de la policía era lo adecuado.

Asimismo, aunque el estudio no indagó sobre la victimización directa en los encuestados, una alta proporción de las personas entrevistadas opinó que existía violencia, asaltos e inseguridad en las calles. Como es lógico suponer, esta opinión mantiene correlación con la incidencia de delitos reportados en la zona ante Seguridad Pública. Sin embargo, a pesar de la opinión anterior, así como de la mala imagen del barrio que expresó una parte significativa de los encuestados, esto no ha sido un motivo suficiente para que se retiren de la zona negocios y escuelas.

Otro descubrimiento de la investigación es que las personas consideran que ha aumentado el consumo de alcohol en la vía pública, sobre todo debido a que se vende alcohol a todas horas, el incremento del vicio de alcohol y la falta de vigilancia. Señalaron, además, que existe un alto consumo de drogas y presencia de traficantes en el barrio, y que son sobre todo los jóvenes, los adolescentes y los pandilleros los que se relacionan con las drogas. Expresaron como formas de ayudar a las personas del barrio que usan drogas, internarlos en instituciones para su rehabilitación, darles terapia psicológica y orientarlos, y como solución a esta problemática una mayor vigilancia y seguridad.

En todos los problemas analizados, tanto los referentes a la mala imagen del barrio, la inseguridad y el consumo de drogas, la opinión con las mayores frecuencias de reportes por las personas encuestadas fue la de considerar a los jóvenes pandilleros como sus causantes. Es decir, la atribución causal de los problemas comunitarios recae en los jóvenes. En este sentido, "los jóvenes que se juntan en las esquinas", los "malandros" y "pandilleros" fueron lo primero que mencionaron un grupo considerable de encuestados cuando se les inquirió sobre el origen de los problemas. Las menciones de causas estructurales o societales, tales como el desempleo, la pobreza o las injusticias sociales fueron marginales en estas atribuciones causales. Esto quiere decir que los pobladores de las zonas estudiadas son afectados por las grandes dinámicas sociales (pauperización creciente, globalización, etc.), pero no las perciben ni las consideran como el origen de sus problemas cotidianos. Relacionado con lo anterior, una propuesta para solucionar los problemas de violencia e inseguridad que tuvo el respaldo de la mayoría de los participantes del estudio fue la de aumentar la vigilancia y la acción policiaca. Todas aquellas propuestas referentes al establecimiento de mejores lazos sociales, la participación de la comunidad, la mejora de la educación y la actuación de escuelas e iglesias fueron respaldadas por una minoría de encuestados.

Además, el estudio mostró una problemática referente a las relaciones familiares en estas colonias, mostrándose como evidentes, desde el punto de vista de los participantes en el estudio, la falta de comunicación, las peleas entre padres e hijos, las drogas y el alcohol y los divorcios-separaciones, motivados sobre todo por el consumo alcohol, los problemas económicos y la violencia familiar. Consideraron que era importante que las autoridades hablaran con las familias, darles trabajo y que actuara el DIF o la policía para solucionar los conflictos familiares.

Otro dato interesante del estudio es que los vecinos opinan que la policía vigila poco o nada, aunque es a ella a quien acuden inicialmente cuando tienen problemas. Las personas participantes en el estudio dijeron que la policía no se había acercado a los vecinos del barrio para hablar sobre los problemas del mismo, pero tampoco que los vecinos se habían acercado a la policía para hablar sobre los problemas del barrio y colaborar en la vigilancia y seguridad del mismo. Hablaron de que la falta de colaboración entre los vecinos y la policía era por problemas entre los mismos vecinos y porque a la policía no le interesa. Un aspecto a distinguirse del estudio es el dato acerca de una tendencia favorable de los vecinos para colaborar en la vigilancia y seguridad del barrio a través de acciones como llamar a la policía, y poniéndose de acuerdo con esta.

Los datos anteriores, resultado de la investigación, nos hace pensar acerca de por dónde empezar. A nuestro juicio, consideramos imprescindible no soslayar estos conflictos sociales señalados por los colonos tratando de concientizar a las autoridades y las comunidades del peligro que corremos de no resolver estos problemas.

Una de las consecuencias más visibles de la problemática social estudiada es la disminución en la calidad de vida de la población, la cual se ha visto orillada a cambiar sus costumbres de pasear por el barrio a permanecer en casa, presenciar actos de violencia, convivir con un abundante consumo de alcohol y drogas, sufrir robos en sus propiedades, soportar a las pandillas y de un insuficiente trabajo de la policía. Además de problemas entre los mismos vecinos y los problemas entre los miembros de las mismas familias, derivados sobre todo del consumo de alcohol, la violencia familiar y las drogas. Las pandillas y los actos violentos se han convertido en fuentes constantes de miedo y de desconfianza entre las personas de estos barrios.

Los factores de riesgo detectados nos deben orientar en la creación y puesta en marcha de programas de intervención que ayuden a la solución de la problemática social. Debemos considerar también en todo esto la cuestión de los valores culturales respecto a la convivencia ciudadana, las relaciones familiares y los estilos de vida. Para ello es necesario el concurso y ayuda de las diferentes instituciones sociales a través de la formación de grupos multidisciplinarios, con el objetivo de que aporten proyectos y soluciones a los mismos.

Los Factores de Riesgo identificados son sobre todo la disponibilidad de alcohol y drogas en las colonias, la insuficiente seguridad, así como la falta de colaboración entre los vecinos y las autoridades. Otro factor de riesgo es el alto nivel de conflictos en las familias, lo cual las expone a la desintegración y la violencia.

Algunas áreas de oportunidad para el mejoramiento de las condiciones de seguridad en el entorno social, tienen que ver desde nuestro punto de vista con la intención de los habitantes de las colonias estudiadas para colaborar con las autoridades tanto en propuestas como colaboración para aumentar la seguridad en las colonias. Asimismo el trabajo con las familias y los jóvenes.

En cuanto a la identificación de Grupos de Alto Riesgo, podemos mencionar que son los jóvenes los más expuestos a caer en el pandillerismo, el consumo de alcohol y drogas. Así como las mujeres de sufrir acoso, lenguaje vulgar y violencia.

Por lo tanto, es necesario adecuar los diversos programas sociales a datos precisos de investigación que permitan adecuar dichos programas a los escenarios en los que se van a aplicar, lo que puede garantizar su éxito. Los datos nos han mostrado que la escuela y la familia son ámbitos prioritarios para el desarrollo de programas sociales, ya que son contextos significativos en el desarrollo del niño y del adolescente.

Respetar los problemas propios de cada comunidad, así como sus valores culturales debe ser una de nuestras preocupaciones primordiales, ya que corremos el riesgo de fomentar un cambio de actitudes no en función de lo que resultaría adaptativo para la comunidad, sino en función de los puntos de referencia políticos o éticos del interventor. Insistiremos en que es necesario un contrato social de respeto, igualdad, solidaridad y justicia en nuestras comunidades, y que el interventor social debe trabajar en fomentar principios básicos.

Bibliografía

ÁLVAREZ, J. & LÓPEZ, M. (1998). "La importancia del diagnóstico previo de las actitudes como elemento fundamental para la reorientación educativa de las mismas: El caso de las actitudes, las intenciones y las conductas de los jóvenes y sus estilos de vida referentes a los hábitos de salud". Revista *Perspectivas Sociales* Vol. 2, N° 1. México.

ÁLVAREZ, J. (1998). "La normatividad funcional de la mujeres en extrema pobreza: Factores inherentes al rol de mujer que dificultan sus estrategias de superviviencia". En: David M. Austin y Manuel Ribeiro (Editores). *The survival strategies of families in poverty in the United States/Mexico border region.* University of Texas Press.

ÁLVAREZ, J. (1999). "Hacia una integración de las creencias sociales acerca de la salud y la enfermedad como un factor más de análisis en el diseño de las políticas sociales de la salud". En: Manuel Ribeiro y Eduardo López (Editores) *Políticas sociales sectoriales: Tendencias actuales. Tomo II.* Universidad Autónoma de Nuevo León. pp. 253-297. México.

ÁLVAREZ, J. (2002). *Creencias, Salud y Enfermedad: Abordajes Psicosociales.* México: Editorial Trillas.

ÁLVAREZ, J. (2002). "La Atribución Causal acerca del consumo de Drogas, Percepción de distribución en el contexto y Autopercepción de Riesgo en los jóvenes estudiantes de Secundaria y Preparatoria de Monterrey, México". En *Proceeding of the Annual Meeting on Cross-Cultural Research and Training on Mental Health and*

Psychosocial Factors in Health in Mexico and Texas. Austin, Texas: World Health Organization Collaborating Center.

ÁLVAREZ, J. (2003). *Familia, Integración, Conflicto y Violencia*. (2003). DIF-Tamaulipas. México.

ÁLVAREZ, J. (2004). *Los jóvenes y sus hábitos de salud*. México: Editorial Trillas.

ÁLVAREZ, J. (1998). "La normatividad funcional de las mujeres en extrema pobreza: Factores inherentes al rol de mujer que dificultan sus estrategias de supervivencia". En David M. Austin y Manuel Ribeiro (Editores). *The survival strategies of families in poverty in the United States/Mexico border region*. Texas: University of Texas Press.

Consejo Nacional de Población (2001). *La Población de México en el Nuevo Siglo*. México: Consejo Nacional de Población.

INEGI (2015). *Encuesta Nacional de Seguridad Pública Urbana. Cifras correspondientes a marzo de 2015*. Consultado el 5 de septiembre de 2015 en http://www.inegi.org.mx/saladeprensa/boletines/2015/ensu/ensu2015_04.pdf

Latinbarómetro (2013). *Problema más importante en el país*. Consultado el 5 de septiembre de 2015 de http://www.latinobarometro.org/latOnline.jsp

Organización Mundial de la Salud (2014). *Global Status Report on Violence Prevention 2014*. Suiza: Organización Mundial de la Salud.

PÁEZ, D. Y VERGARA, A. (1992). "Conocimiento social de las emociones: evaluación de la relevancia teórica y empírica de los conceptos prototípicos de cólera, alegría, miedo y tristeza", *Cognitiva*, 4, pp. 29-48.

www.ingramcontent.com/pod-product-compliance
Lightning Source LLC
Chambersburg PA
CBHW031834170526
45157CB00001B/303